Mantras que Curam

Thomas Ashley-Farrand

Mantras que Curam

O uso de sons para aumentar a força interior, desenvolver a criatividade e promover a cura

Tradução
CARMEN FISCHER

EDITORA PENSAMENTO
São Paulo

Título original: *Healing Mantras*.

Publicado mediante acordo com The Ballantine Publishing Group, divisão da Random House, Inc.

O primeiro número à esquerda indica a edição, ou reedição, desta obra. A primeira dezena à direita indica o ano em que esta edição, ou reedição foi publicada.

Edição	Ano
4-5-6-7-8-9-10-11-12-13	08-09-10-11-12-13-14

Direitos de tradução para o Brasil
Adquiridos com exclusividade pela
EDITORA PENSAMENTO-CULTRIX LTDA.
Rua Dr. Mário Vicente, 368 – 04270-000 – São Paulo, SP
Fone: 6166-9000 – Fax: 6166-9008
E-mail: pensamento@cultrix.com.br
http://www.pensamento-cultrix.com.br
que se reserva a propriedade literária desta tradução.

No princípio era o Verbo. E o Verbo estava com Deus. E o Verbo era Deus.

— João 1:1

Da palavra expressa dependem todos os Deuses, todos os animais e todos os homens; na palavra vivem todas as criaturas... A palavra é o imperecível, o primogênito da lei eterna, a mãe dos Vedas, o umbigo do mundo divino.

— *Taittiriya Brahmana*

A fala dos homens não consegue chegar até os Deuses... Para falar com Eles, é preciso usar a linguagem que lhes é própria... E que é feita de sons, não de palavras... Essa linguagem, ou os encantamentos dos mantras, é o agente mais eficaz e a chave mais importante para abrir o canal de comunicação entre os Mortais e os Imortais.

— H. P. Blavatsky, A *Doutrina Secreta*, Ed. Pensamento.

Este livro não tem o propósito de substituir o tratamento médico. Se você tem algum problema de saúde ou doença, consulte um médico qualificado.

Sumário

Agradecimentos

Muitas pessoas contribuíram direta e indiretamente para a realização deste livro. Quero aqui demonstrar minha gratidão para com elas. Primeiramente, para com a minha agente, Stephany Evans da Imprint Agency West, pela sua visão e a confiança que depositou neste projeto desde o início. Sua ajuda foi inestimável do princípio ao fim. Também quero agradecer à agente literária Patricia Collins, por ter recomendado minha obra a Stephany Evans.

Leslie Meredith, minha editora na Ballantine Wellspring Books, tem minha gratidão por ter reconhecido imediatamente a importância deste projeto e criado um método para concretizá-lo. Ela e sua colega Cathy Elliott prestam um serviço extremamente valioso tanto a autores quanto a leitores.

Meus agradecimentos vão também para Stephany Evans e Mitch Sisskind, pela contribuição que deram à preparação final do manuscrito.

Devo agradecer também a Michael e Wendy Weir, pelo apoio firme e incansável que me deram durante a fase de elaboração deste e de outros projetos. Essa mesma gratidão eu devo à doutora Doe Lang, autora do livro *The Secrets of Charisma*, por ter-me sempre e incansavelmente encorajado a escrever.

A professora Marilyn Shaw, grande terapeuta e excelente mestra de cura, conduziu-me para o Chaffey College e apresentou-me a um grupo de estudantes que se dedica seriamente a aprender e praticar diferentes métodos terapêuticos. Sou grato a ela e a todos eles.

Por último, mas mais importante, quero agradecer à minha mulher, Margalo Ashley-Farrand, pelos dez anos que passou persuadindo-me com delicadeza a escrever meu primeiro livro. Por seu apoio e envolvimento em meus projetos, sou muitíssimo grato.

Introdução:
No Princípio Era o Verbo

Nas tradições religiosas e espirituais de todo o mundo, os estados espirituais são comparados à luz. O objetivo espiritual de todas elas é a "iluminação". Na forma corriqueira de nos referirmos ao desenvolvimento espiritual, buscamos a "luz que ilumina o nosso caminho", para que possamos percorrê-lo com segurança. Durante séculos, artistas de diferentes tradições fizeram uso da luz para pintar os grandes mestres espirituais. Como um claro indício de poder espiritual, a luz circunda os apóstolos do Arco da Aliança e forma auréolas ao redor dos santos, de Cristo e de Buda. Nos primeiros versículos do Gênese lemos, "E Deus disse: *Faça-se a luz e a luz foi feita*". Porém, se achamos que a expressão máxima do poder espiritual é a luz, estamos enganados. O espírito é criado e animado não pela luz, mas pelo som.

Se examinarmos mais atentamente o Gênese, veremos antes a afirmação "Deus *disse*..." A luz da criação divina foi introduzida pelo som. O *verbo* divino, de acordo com o Gênese, é que deu origem à luz espiritual que todos nós aspiramos.

O Evangelho segundo São João, do Novo Testamento, que foi escrito milhares de anos depois do Gênese, começa com o versículo, "No princípio era o *Verbo*..." O princípio não era a luz, mas o som na forma do verbo divino. Nem o Antigo nem o Novo Testamento contêm qualquer versículo dizendo algo como "E Deus *fez* a luz brilhar". Em vez disso, Deus cria o fenômeno expressando-o *verbalmente*. O instrumento primordial da criação é o som.

Na sabedoria do antigo Oriente, encontramos o mesmo ensinamento. Todo o universo é criado quando Deus decide manifestar a realidade pelo poder do verbo divino. Em certos textos orientais, esse poder é mencionado como Saraswati — a Palavra.

O livro de *sir* John Woodroffe, *The Garland of Letters*, inclui uma tradução de uma escritura sagrada chamada *Satha patha Brahmana*, escrita há milhares de anos. O sexto volume dessa escritura começa assim:

> No princípio era Deus com o poder da palavra. Deus disse, "Que eu possa ser muitos... que eu possa ser propagado". E por sua vontade expressa através de uma fala sutil, ele uniu-se a essa fala e fecundou-se. Prajapathi e Saraswati foram então criados. E Prajapathi é o nome do progenitor de todos os seres.

Essa afirmação parece espantosamente semelhante ao conceito de criação expresso no Gênese e no texto inicial do Evangelho segundo São João.

Uma visão geral da cosmologia védica

A religião védica, transmitida durante milênios pela tradição oral anterior ao advento da escrita, apresenta uma visão concisa de como surgiu o cosmos. A criação começou com [o] Ser, um estado tão sublime e diferente de tudo que podemos conceber e que só pode ser expresso em metáforas, alegorias e imagens. Uma das representações mais comuns desse estado de Ser é a divindade hindu Narayana, que flutua num mar trevoso. Do plexo solar do Narayana adormecido nasce uma outra entidade chamada Brahma.

Enquanto Narayana dorme e Brahma é gerado, o universo é concebido como uma idéia divina. Não-manifesto, esse universo é vago e informe. Mas esse Ser passou a ser Mente, que é Brahma. Entretanto, essa mente de Brahma não é estática, porém dinâmica. Logo, ela experimenta o Desejo, que rapidamente é sucedido pela Vontade. O Desejo e a Vontade levam Brahma a invocar esse poder — Saraswati, a Expressão Divina da manifestação. Saraswati é descrito como um princípio feminino. É "a Palavra" conforme entendida na tradição védica. Quando Brahma invoca seu poder, quando ele invoca Saraswati, o universo passa a existir com todas as forças que o animarão pelos bilhões de anos que virão.

O processo de criação é, então, descrito através das imagens de uma breve narrativa:

Primeiro, Deus como Ser...
Do Ser surge a Mente...
Da Mente surge o Desejo...
Do Desejo surge a Vontade...
Da Vontade surge a Palavra...
Da Palavra surge todo o resto.

A mesma idéia é expressa em outros textos orientais. No budismo chinês, Kuan Yin é o termo usado para referir-se à "voz divina" que dá origem à forma ilusória do universo surgida dos sete elementos. Os Vedas referem-se à divina corrente sonora Shabda Brahma, que permeia tudo e é uma chave para a criação.

As referências, nos textos sagrados, ao poder do som não se restringem aos mitos da criação. No livro do Êxodo do Antigo Testamento, consta que o som das trombetas derruba as muralhas de Jericó. No Oriente, o som da trombeta é um símbolo de grande poder espiritual associado com a introvisão e a consciência elevada. Considera-se que o som da trombeta é "ouvido" ou percebido pela terceira visão — ponto localizado entre as sobrancelhas — que pode ter contato direto com o Divino.

Essa idéia antiga continua presente em textos e mestres mais recentes. O mestre e místico sufi Hazrat Inayat Khan escreveu: "O som divino é a causa de toda manifestação. Quem conhece o mistério do som conhece o mistério de todo universo." Na primeira metade do século XX, H. P. Blavatsky, fundadora da Sociedade Teosófica, escreveu em *A Doutrina Secreta*: "O som é um tremendo poder oculto. Ele tem uma força tão estupenda que a eletricidade gerada por um milhão de Niágaras jamais poderia neutralizar nem a menor potencialidade, quando dirigida pelo conhecimento apropriado."

Essa última afirmação conduz à idéia de que o enorme poder do som que criou o universo também é acessível para a humanidade. Dispersas por várias tradições religiosas, encontramos referências ao poder divino das palavras. A palavra latina *cantare*, raiz da palavra inglesa "cantor" (solista), é comumente traduzida por "cantar". Entretanto, alguns lingüistas acreditam que seu significado original tenha sido "criar por meio de mágica". Os índios Huichol do México usam a palavra espanhola *cantor* como designação de xamã — um indício evidente do poder que eles atribuem à voz. Uma outra palavra latina, *carmen*, costuma ser traduzida como "poema", mas seu significado original era "fórmula mágica".*

Visões de místicos e cientistas

Alguns cientistas também reconheceram o poder do som e das ondas sonoras que, às vezes, são organizadas e expressas em forma de música. O astrônomo do século XVI Johannes Kepler escreveu: "Deus era o maestro da sinfonia cósmica, fazendo com que os planetas abandonassem suas órbitas inteiramente circulares e adotassem conscientemente órbitas elípticas complexas para criarem uma música ainda mais bela." Kepler considerava as órbitas dos planetas como vibrações, a Música das Esferas.

Cerca de dois mil anos antes, o matemático e filósofo grego Pitágoras observou: "As sete esferas emitiram cada uma uma vogal para a Terra, as quais juntas tornaram-se a criação de tudo o que existe no planeta." Essa afirmação poderia provir quase diretamente de um texto da tradição mística judaica conhecida como Cabala, segundo a qual o poder das vogais é considerado divino. E os antigos *rishis* (sábios) da Índia chegaram à mesma conclusão, afirmando que a pronúncia das vogais corresponde à vibração de cada um dos cinco planetas internos:

O — Vênus
A — Júpiter
E — Saturno
I — Marte
U — Mercúrio

Ravi Shankar, o mestre contemporâneo de música clássica indiana, refere-se ao som do poder de Deus como Nada Brahma, o som divino que ressoa através do universo e do "corpo humano sutil" que existe em todos nós. Shankar diz: "Nossa tradição nos ensina que o som é Deus. A

* Em *Nada Brahma: The World is Sound*, de Joachim-Ernst Berendt.

música é uma disciplina espiritual que eleva o ser interior à paz e bem-aventurança divinas. Somos orientados para o esforço de realizar a meta fundamental de conhecer a essência eterna e imutável do universo. Nossa música revela a essência do universo que ela reflete. Através da música, pode-se chegar a Deus." Em outra citação, ele diz: "Músicos sacros como Baiju Bavare, Swami Haridas ou Mian Tan Sen operaram milagres ao executar certos *Ragas* [composições clássicas indianas]. Dizem que alguns conseguem acender fogueiras ou lampiões a querosene quando cantam um raga, ou fazer chover, dissolver pedras, desabrochar flores e atrair animais ferozes para um círculo calmo e tranqüilo ao redor de sua cantoria."

Em *Nada Brahma: The World Is Sound*, de Joachim-Ernst Berendt, os astrônomos Jeff Lightman e Robert M. Sickels descrevem sons incríveis em seus experimentos com radioastronomia: "A extremidade da galáxia torna-se uma cacofonia de sons sibilantes produzida por alterações rápidas nos níveis de energia molecular e atômica... O gigantesco planeta Júpiter produz seus próprios ruídos peculiares: imensos suspiros rápidos iguais ao forte rugido de uma onda distante, movida pela eletricidade jupiteriana de tempestades tão intensas que merecem o nome do deus que o planeta herdou. O Sol também produz ruídos, assobios e estalos na quietude e rugidos de intensidade alarmante quando cospe no espaço fragmentos gigantescos de matéria."

Rudolf Kippenhahn, diretor do Instituto de Pesquisas Astrofísicas Max Planck, de Munique, também escreveu sobre os sons produzidos pelos planetas e corpos celestes: "Ouvimos o tiquetaquear heteródino dos pulsares... vibrações de energia intensa de agrupamentos estelares esféricos, com seqüências que se repetem. No espaço, existem tiquetaques, batidas de tambor, zumbidos e estalos."

Os grandes ritmos do cosmos são também revelados pela física moderna. Em *The Silent Pulse*, George Leonard escreve sobre a vastidão do espaço que compõe o que chamamos de matéria. "Podemos ver a estrutura perfeitamente cristalina da fibra muscular, tremulando como um trigal ao vento, pulsando muitos trilhões de vezes por segundo... Quando nos aproximamos do núcleo, ele começa a se dissolver. Ele também não passa de um campo de oscilação [que] com a nossa aproximação desfaz-se em puro ritmo... Do que é feito o corpo? De vacuidade e ritmo. No coração do mundo, não existe solidariedade, apenas dança."

O poder do som, o poder da música, o poder das vogais e o poder da palavra são as grandes forças criadoras do universo: como seus tutelares, os seres humanos têm um tremendo poder espiritual. Por séculos, as escrituras e os mestres do misticismo oriental vêm ensinando mantras como meio de dominar esse poder.

Os mantras e sua "caixa de ferramentas"

A palavra *mantra* provém do sânscrito e tem muitas diferenças sutis de significado: "instrumento da mente", "linguagem divina" e "linguagem da fisiologia espiritual humana" são apenas algumas de suas conotações. No contexto deste livro, o mantra é um instrumento para curar os problemas que todos nós enfrentamos na vida. Como afirma o mestre e místico sufi Vilayat Inayat Khan: "A prática do mantra literalmente amassa a carne do corpo com a repetição de sons. As células delicadas dos complexos feixes de nervos são submetidas a um martelar constante, um ataque à carne pelas vibrações do som divino."

A prática do mantra pode ajudar você a se sentir mais calmo e energizado. Pode ajudá-lo a lidar com doenças e até mesmo a obter a cura física. Pode ajudá-lo a lidar com situações difíceis ou desagradáveis, propiciando uma idéia do que fazer ou ajudando-o a ter paciência e perspectiva para simplesmente deixar que as coisas aconteçam. Pode ajudá-lo a realizar seus desejos e transformar seus sonhos em realidade. O mantra é um método pessoal ativo e pacífico de enfrentar as situações que você deseja mudar. São fórmulas antigas de sons divinos registrados pelos antigos sábios da Índia e mantidos em confiança e segredo durante séculos, tanto na Índia como no Tibete.

Mas o mantra não é nenhuma panacéia. Não é o único nem o melhor meio de resolver todos os problemas humanos. Sua vida e seu karma — o efeito acumulado de todos os pensamentos e atos de muitas encarnações — são demasiadamente complexos para serem dominados inteiramente por algumas semanas de trabalho com fórmulas espirituais, por mais poderosas que elas possam ser. Mas a prática do mantra pode solucionar totalmente muitos dos problemas que enfrentamos e proporcionar alívio considerável a outros.

A vida e os desejos

A prática de mantras pode ajudar você a lidar com os problemas e necessidades materiais da vida. Todos nós queremos ou necessitamos de algo, ou desejamos realizar mudanças em nossa vida. Algumas pessoas querem encontrar um parceiro. Outras estão em busca de um novo trabalho ou carreira. Muitos de nós já tivemos problemas de saúde ou conhecemos alguém que tenha. Todos nós passamos por dificuldades financeiras em uma ou outra fase da vida. Temos desejos que podem ser tão simples como a compra de um carro novo ou tão complexos como aparar as arestas nas relações familiares.

Muitos de nós também queremos ajuda para lidar com emoções e conflitos interiores. Deparamo-nos com situações que provocam reações automáticas que gostaríamos de evitar. Ficamos frustrados, tristes, furiosos e enciumados. Às vezes, nossas reações podem ser mais problemáticas do que as situações que as provocaram. Algumas palavras ditas com raiva podem causar danos enormes a uma relação de amizade ou de amor. A depressão pode tornar-se tão profunda que afasta todos e tudo de nós. Os anseios e as obsessões nos isolam. A prática de mantras pode ajudá-lo a obter clareza tanto com respeito ao propósito de sua vida quanto de si mesmo.

Às vezes, gostaríamos simplesmente de poder ajudar os outros, mas não sabemos exatamente como. Um membro da família ou colega de trabalho pode estar passando por alguma dificuldade, ou gostaríamos de poder dar uma contribuição para melhorar a comunidade ou o mundo em que vivemos — se apenas soubéssemos o que fazer. A prática de mantras pode ajudá-lo a encontrar o meio certo de promover mudanças efetivas.

O instrumental relativamente simples do mantra pode ajudá-lo a enfrentar todas as situações e desafios que você tem diante de si. Mesmo sendo de origem antiga, ele pode ser aplicado a praticamente todos os problemas atuais com bons resultados.

As compilações dos mantras

Os estudiosos modernos e os sacerdotes védicos divergem quanto à época em que os mantras foram registrados por escrito. Alguns eruditos datam os primeiros registros por escrito das quatro escrituras védicas em 1000 a.C., embora a versão mais antiga existente do Rig Veda seja datada só no século XIV da nossa era. No entanto, em *The Principal Upanishads*, o respeitado sábio S. Radhakrishnan, citando *The Religion of the Vedas* de Bloomfield, afirma: "Os Vedas não apenas constituem o mais antigo monumento literário da Índia, mas também a mais antiga literatura dos povos indo-europeus, anterior à da Grécia ou de Israel."* Os mais antigos hinos e mantras contidos no Rig Veda são tradicionalmente datados como sendo de 1500 a.C. e possivelmente até mesmo antes de 4000 a.C.

Os sacerdotes hindus afirmam categoricamente que os registros por escrito dos mantras são muito mais antigos do que acreditam as autoridades acadêmicas. A história popularmente aceita dos mantras, que até hoje é transmitida por uma tradição oral ensinada nos templos hinduístas, situa o primeiro escrito na época do *Mahabharata*, cerca de um milênio antes de Cristo. E os mantras sanscríticos já existiam pelo menos dois mil anos *antes* nos mitos, fábulas e lendas.

Os ensinamentos védicos eram originalmente reservados à classe dos sacerdotes, e seus rituais, assim como os próprios Vedas e os mantras contidos neles, foram transmitidos oralmente por milhares de anos. Depois de passados oralmente de geração em geração, os mantras foram pela primeira vez escritos em sânscrito sobre folhas de palmeira, para que pudessem ser preservados. Os primeiros "bibliotecários" eram famílias que se dedicavam à preservação desses mantras por escrito. Catalogados por assunto, utilidade e efeito, os mantras eram meticulosamente guardados e protegidos da ação dos elementos. Quando as folhas de palmeira ficavam quebradiças ou mofadas, os mantras eram recopiados em folhas novas enquanto ainda legíveis.

Com o aumento do número de mantras compilados nem mesmo famílias inteiras conseguiam dar conta da necessidade de recopiá-los para preservar a biblioteca. Para dar conta do crescente acúmulo de novos mantras, foram feitos resumos de algumas partes. Esses resumos condensavam estantes inteiras de informações em um punhado de fo-

* Apesar de *The Religion of the Vedas* de Bloomfield (publicado em 1908) ser mencionado três vezes ao longo desse volumoso livro de 950 páginas, não aparece seu primeiro nome nem outras informações referentes à publicação do livro.

lhas. Isso funcionava por muitos séculos até o acúmulo voltar a ficar excessivo. Então os conteúdos eram novamente sumarizados. Passavam-se outras tantas centenas de anos e o ciclo voltava a se repetir. Ao longo de todos os vários milênios de compilação dos sumários, certas partes eram consideradas tão importantes que nunca foram resumidas, mas mantidas intactas.

Esses ensinamentos hindus de inspiração e introvisão seguiram um percurso semelhante da transmissão oral para a transcrição em sânscrito. Os Upanishades são os resumos dos resumos dos resumos dos ensinamentos criados há muitos milhares de anos. Os Upanishades contêm os Cantos da Floresta, ou Aranyakas, e os Brahmanas, que são fragmentos de obras maiores, extraviadas. Os quatro Vedas sobreviveram quase intactos e na íntegra: Rig Veda, Artharva Veda, Yajur Veda e Sama Veda. Em certo sentido, os Vedas e os Upanishades são todos coletâneas de mantras sanscríticos reunidos com a intenção de transmitir idéias atemporais a respeito de uma ampla variedade de assuntos.

A quantidade de informações contida até mesmo nesses sumários fragmentados é espantosa. Um sistema completo de medicina está contido no Artharva Veda — sistema que a medicina ocidental só recentemente começou a reconhecer como válido. No Rig Veda, questões espirituais de cosmologia e desenvolvimento pessoal são expostas em fórmulas e práticas místicas grandiosas. Entre o ano 1000 a.C. e o final do primeiro milênio da era cristã, sábios, eruditos e místicos, como Patañjali (200 a.C.), Shankaracharya (800 d.C.) e outros introduziram práticas ainda mais específicas para o desenvolvimento espiritual e a solução de problemas. É por esses ensinamentos que o sânscrito recebeu o título de *Deva Lingua* ou "linguagem dos deuses", indício de que até mesmo os mortais podem comungar com os deuses e tornar-se iguais a eles: poderosos e imortais. O primeiro requisito, entretanto, é aprender a "falar a língua" e, com isso, usar o poder que ela contém. O mantra é a linguagem pela qual invocamos os deuses e suas energias.

A *Deva Lingua*

Embora os mantras, os Vedas e os Upanishades sejam todos escritos em sânscrito, essa língua não é mais falada nas conversas corriqueiras. Como o sânscrito não é falado amplamente entre a população em geral de nenhum país, ele é tecnicamente classificado como uma língua "morta". No entanto, todas as práticas religiosas e tradições hinduístas são ensinadas, conduzidas e transmitidas em sânscrito. A maioria das práticas budistas que fazem uso da palavra expressa continua mantendo o grosso de seu conteúdo em sânscrito. Todos os *swamis* e mestres indianos que vieram para o Ocidente praticam sistemas de desenvolvimento pessoal derivados de textos em sânscrito. De maneira que considerar o sânscrito uma língua morta é não levar em conta as práticas diárias de muitos milhões de pessoas.

Além disso, muitas línguas ocidentais, que os dicionários costumam classificar como indo-européias, têm raízes sanscríticas. O sânscrito merece realmente seu outro título, o de "Mãe das Línguas" (ou Língua Mãe), como os eruditos a denominam. Em sânscrito, *mata* é "mãe" e *pitra*, "pai", palavras evidentemente próximas das latinas *mater* e *pater*. As línguas românicas (espanhol, italiano, português, francês e romeno) são derivadas do latim, que por sua vez é derivado do sânscrito, que foi falado por muitos séculos antes do surgimento do latim.

O *experimento*

Ao longo dos anos, aprendi muitos mantras para resolver os problemas que a vida criou para mim. Para que você tenha uma idéia de como isso pode funcionar, vou contar como a prática de um mantra me ajudou num período particularmente difícil.

Em 1980, ocorreram muitas mudanças na minha vida. Durante oito anos, eu havia sido ministro-residente de um centro espiritual filiado a uma organização espiritual da Índia, mas sediada em Washington, D. C. Eu gostava de ser útil e minhas responsabilidades em geral eram agradáveis. Entretanto, a forma como o líder indiano estava conduzindo a organização passou a me incomodar cada vez mais, por apresentar um comportamento inadequado em questões referentes a sexo, dinheiro e poder. Eu vacilava entre permanecer ou abandonar a organização e essa preocupação me deixava nervoso.

Um dia, numa de minhas habituais sessões de duas horas de meditação, eu vi um relógio que marcava um quarto para as doze horas. Aquela visão mostrava-me que às doze horas, a relação pela qual eu vinha esperando desde muito tempo atrás chegaria. Resolvi esperar um pouco mais antes de tomar a decisão de deixar o centro. Na realidade, aqueles quinze minutos acabaram sendo mais de seis meses. Depois de seis meses, uma mulher chamada Margalo chegou à organização. Em duas semanas, deixei o centro para ir morar com ela. Um ano depois, já cansados, decidimos juntos abandonar totalmente a organização.

Quando me envolvi com a organização, eu trabalhava como produtor de televisão. Logo depois de entrar para ela, passei a lecionar radiofusão, por tempo integral, na George Washington University. Em 1980, entretanto, vencido o prazo do meu contrato temporário e, recém-casado, eu refletia sobre minhas opções profissionais. Margalo sugeriu que deixássemos Washington, D. C., e fôssemos morar em sua antiga casa no sul da Califórnia. Eu não vi nenhum motivo para recusar. Uma vez lá, eu sabia que teria de iniciar uma nova carreira. Mas, apesar de todos os meus esforços para encontrar um trabalho em Los Angeles, a capital da mídia do mundo ocidental, as portas da televisão mantiveram-se fechadas e eu fui obrigado a aceitar trabalhos esporádicos. Eu lutava para encontrar algum tipo de equilíbrio entre minha procura desestimulante de uma nova profissão e minha nova vida feliz com minha mulher.

Durante meus anos de sacerdócio, eu havia usado mantras quase exclusivamente durante as sessões de meditação para aumentar a concentração e estimular a introvisão espiritual. Para qualquer problema secular, eu recorria às orações que havia aprendido em minha formação judeu-cristã nas igrejas Presbiteriana e Metodista. A prática de mantras não requer o abandono da organização religiosa a que pertencemos, nem das nossas raízes ou de outras práticas espirituais. Embora continue me considerando cristão, eu já estudei muitas tradições religiosas e, com o passar dos anos, fui acrescentando novas práticas religiosas de origens hinduísta e budista a meus hábitos diários, para compor uma espiritualidade pessoal voltada para a compaixão e o serviço. O mantra é uma prática espiritual complementar incrivelmente eficaz, que pode enriquecer a sua vida.

No meu caso, os resultados obtidos por meio de orações eram esporádicos, mas eu os havia aceito. Naquele período profissionalmente difícil de minha vida, entretanto, decidi aplicar um mantra à minha situação para ver se me ajudava. Escolhi um mantra que me pareceu apropriado para as minhas dificuldades no plano material e decidi dedicar-me a ele por quarenta dias. Escolhi uma prática de quarenta dias porque quarenta é um número recorrente na literatura religiosa. Jesus andou no deserto por quarenta dias. Noé flutuou sobre as águas por quarenta dias. Moisés errou pelo deserto durante quarenta anos. Com Buda foi um pouco diferente, pois permaneceu sentado sob a Árvore Bodhi por 43 dias até alcançar a iluminação. No hinduísmo védico, quarenta dias é o período estipulado para a prática concentrada de um mantra. No catolicismo romano, a novena, uma disciplina diária de oração utilizada pelos fiéis em busca de solução para seus problemas, é, às vezes, praticadas durante cinco, quarenta e 54 dias, embora tradicionalmente seja uma prática de nove dias.

Eu achei que precisava de uma quantidade considerável de tempo para que a prática do meu mantra atuasse sobre quaisquer que fossem as forças que estavam me impedindo de encontrar trabalho. A intenção que criei na minha mente era de encontrar um emprego estável no qual eu pudesse dar uma contribuição aos outros e me rendesse um salário para viver. Como muitos mantras para a solução de problemas são genéricos por natureza, o mantra que escolhi foi para a remoção de obstáculos:

Om Gum Ganapatayei Namaha

"Om e saudações àquele que remove obstáculos do qual Gum é o som seminal."

Entre as seitas védicas e hinduístas, este mantra (que será tratado no Capítulo 5) é universalmente reconhecido como extremamente eficaz para a remoção de todos os tipos de obstáculo. Como eu não sabia o que estava me impedindo de encontrar um emprego fixo e remunerado, meu objetivo era remover qualquer obstáculo, interno ou externo, espiritual ou físico, que estivesse no meu caminho.

Nos quarenta dias seguintes, repeti o mantra o máximo de vezes possível, algumas vezes em silêncio, outras em voz alta. Enquanto realizava as tarefas domésticas, eu repetia o mantra. Dirigindo, eu ia entoando o mantra no carro. Enquanto comia ou preparava a comida, eu o repetia. Enquanto adormecia, continuava repetindo o mantra pelo máximo de tempo possível. Ao despertar, começava imediatamente a recitá-lo. Se estava com outras pessoas, recitava-o em silêncio. Se estava sozinho, entoava-o em voz moderadamente alta. Tornei-me uma máquina de entoar o mantra *Om Gum Ganapatayei Namaha.*

Eu gostava da sensação que o mantra me proporcionava. Seu ritmo instalou-se rapidamente em minha consciência e, depois de duas semanas, constatei que o mantra se iniciava sozinho quando eu estava ocupado com alguma outra coisa. Quando acordava no meio da noite, podia ouvi-lo ressoando fracamente em algum compartimento nas profundezas da minha mente. Ele se integrara ao meu corpo e à minha mente como um alimento espiritual.

Depois de três semanas trabalhando com o mantra, fui convidado para realizar uma cerimônia védica para um grupo em Santa Ana. A cerimônia durou cerca de uma hora e, quando acabou, circulei entre os convidados para conversar e comer petiscos. Com um pequeno grupo, a conversa acabou indo parar na pergunta "E o que você faz para viver?" Expliquei, um pouco constrangido, que tinha vindo recentemente para a Costa Oeste e que ainda não havia me fixado em nada.

O bate-papo continuou e depois de um tempo uma mulher do grupo disse que sua empresa estava procurando alguém para trabalhar num projeto de *marketing* pelos próximos três meses. Perguntei o que a empresa fazia e ela respondeu que um serviço de assistência médica que se ocupava de medicina familiar, medicina ocupacional e atendimento de emergência. Eu não tinha nada que ver com a área da saúde e disse isso a ela.

Sem se importar com isso, a mulher insistiu para que eu lhe telefonasse para marcar uma hora na semana seguinte. Concordei, mais por educação e com a consciência de que devia explorar as possibilidades — mas sem nenhuma esperança real de que aquilo resultaria num emprego para mim.

Quando cheguei à empresa, fui recebido pelo chefe da mulher que eu havia conhecido, Rick, que me entrevistou por cerca de dez minutos. Eu achei que estava descartado, uma vez que mostrara não entender nada daquele ramo, mas para grande surpresa minha, ele finalizou sua breve entrevista com: "Eu acho que você vai se dar bem. Mas preciso que os médicos aprovem. Por favor, espere aqui."

Os médicos me aprovaram e, dentro de alguns minutos, eu já havia preenchido alguns formulários e me tornado um representante de *marketing* da clínica deles, para realizar trabalho de campo com base num contrato provisório de três meses. O salário era modesto, mas era melhor do que trabalhar esporadicamente ou aguardar o telefone tocar, de maneira que fiquei agradecido. Durante todo o tempo, eu continuei recitando o mantra em silêncio.

Depois de vários dias dando telefonemas de negócios, eu aprendi o suficiente para perceber que o material de *marketing* de que dispunha para sustentar meus telefonemas era péssimo. Eu não conseguia tirar isso da cabeça e comecei a me sentir cada vez mais estúpido toda vez que fazia uma chamada. Finalmente, percebi que eu tinha de fazer algo.

Nessa altura, eu estava no trigésimo dia de prática do meu mantra. Nessa noite, refiz todo o material, resumindo-o em três desenhos e usando as cores do prédio e o familiar caduceu, símbolo da medicina. Quando cheguei ao escritório na manhã seguinte, procurei o médico a quem relatei e expus rapidamente o que tinha em mente. Ele parou de repente, fitou-me e disse para encontrá-lo na sala de reunião dentro de uma hora. Quando entrei na sala de reunião, lá estava Rick, junto com a mulher que havia sugerido que me candidatasse ao emprego, o médico que havia me entrevistado e dois outros médicos que eram sócios da empresa. Inseguro, percebi que teria de fazer uma apresentação. O médico que havia convocado a reunião disse, "Mostre-nos o que você fez".

Depois de dez minutos de apresentação improvisada, os médicos me pediram para deixar a sala por alguns minutos. Nervoso, aquiesci. Quando fui chamado de volta, meu chefe disse, "Parabéns, você é nosso novo diretor de *marketing*. Mande imprimir alguns cartões e também esse material que você desenhou o mais rapidamente possível". Eu estava em estado de choque, mas continuava interiormente repetindo o mantra *Om Gum Ganapatayei Namaha*.

Concluí meus quarenta dias de prática do mantra sem nenhum outro incidente. Dentro de trinta dias, eu estava envolvido num projeto de *marketing* com a participação de um hospital local. A enfermeira que era diretora de *marketing* do hospital era amistosa e tecnicamente muito competente. Trabalhamos bem juntos. Quando estávamos quase no final do projeto, ela me perguntou se eu não me importaria em dizer quanto eles me pagavam. Não me importei e disse a verdade. Ela franziu o cenho e disse, "Eles estão lhe pagando uma bagatela".

Quando o projeto em conjunto foi concluído, meu chefe nos parabenizou a ambos pelo ótimo trabalho. Depois de apertar a mão dele, a enfermeira apontou na minha direção e disse, "Você sabe que esse cara é muitíssimo mal pago. É melhor você tomar alguma providência antes que alguém lhe faça uma proposta e ele vá embora". Fiquei espantado, mas meu chefe respondeu como o bom profissional que era. Deu uma risadinha e disse: "Não se preocupe, cuidaremos bem dele." Em trinta dias, tive um aumento de 40%.

Isso foi no início de 1983. Trabalhei nessa empresa durante quase sete anos. Tive inúmeros aumentos e sentia que meu trabalho era valorizado. Finalmente, eu saí quando meu supervisor decidiu abrir seu próprio negócio e fez-me uma proposta para ir com ele.

Eu atribuí o meu êxito na procura de emprego ao mantra que pratiquei. Sua eficácia causou uma profunda impressão em mim e comecei a dar um novo valor ao poder das fórmulas espirituais para a solução de problemas cotidianos. Comecei a recomendar o uso de mantras a outras pessoas com problemas e funcionou surpreendentemente bem.

Indiquei esse mesmo mantra a um amigo meu de Washington, que havia acabado de deixar sua carreira no exército. Ele havia estudado gemologia e estava a fim de encontrar um trabalho nessa área. Entretanto, depois de meses de procura em muitas cidades, ele não conseguira encontrar o emprego que queria. Recomendei a ele que começasse a repetir o mantra *Om Gum Ganapatayei Namaha* o máximo de vezes possível durante dez dias. No décimo primeiro dia, realizei uma cerimônia de limpeza energética para ele. Dentro de três dias, ele recebeu várias propostas de emprego e começou bem sua nova carreira.

Outro exemplo de como os mantras podem ser usados para nos ajudar a lidar com nossos problemas cotidianos é o de uma amiga minha, Rae, que era constantemente incomodada por seus vizinhos da frente e do lado. Os do outro lado da rua estacionavam intencionalmente o carro diante de sua casa, bloqueando sua entrada e impossibilitando-a de sair, ou que os lixeiros coletassem seu lixo. Apesar de chamar a polícia, eles só de vez em quando dispunham-se a atendê-la. Os vizinhos do lado costumavam fazer muito barulho e resistiam a todos os pedidos de consideração. Ela pediu-me ajuda e eu indiquei-lhe o seguinte mantra:

Narasimha Ta Va Da So Hum

Narasimha invoca a energia para destruir o que é aparentemente indestrutível. *Ta, Va* e *Da* invocam as energias do corpo e direcionam a energia que o mantra cria para a realização do bem supremo. *Hum* é por si só um mantra; ele coloca a mente em sintonia com o ser divino interior.

Rae começou a repetir esse mantra muitas vezes por dia. Logo ela se apaixonou pelo mantra, que proporcionava a ela uma sensação gostosa e a ajudava a se sentir forte e positiva diante das perturbações dos vizinhos. Cerca de dois meses depois, os vizinhos barulhentos venderam a casa e se mudaram. Atualmente, os vizinhos da frente passam a maior parte do tempo fora de casa e o problema com eles diminuiu consideravelmente. Esse mantra também está ajudando-a a se preparar interiormente para assumir o compromisso de ajudar os outros.

Não foi a mera repetição de um mantra em sânscrito que me deu o trabalho na clínica médica, mas ele me ajudou a encarar novas possibilidades e uma nova carreira com expectativas positivas. Eu acredito que nossas práticas de mantras também ajudaram a mim e aos meus amigos a manter uma atitude física e mental calma e tranqüila que nos tornou receptivos para perceber a melhor maneira de enfrentar os desafios que se apresentavam. A recitação do mantra também me deu energia e concentração para fazer o que tinha de ser feito, além da confiança interior para dar uma contribuição valiosa numa área na qual eu era totalmente ignorante. Foi o catalisador de uma série de transformações e desdobramentos positivos tanto na minha vida quanto na de meus amigos.

Em *Mantras que Curam*, descrevo os êxitos de meus alunos e amigos alcançados através da prática de mantras. O livro tem o propósito de oferecer uma "caixa de ferramentas" com mantras capazes de ajudar o leitor a corrigir e sanar muitos problemas da vida. Essas fórmulas espirituais também podem ajudá-lo a atrair abundância, liberar seus potenciais criativos e ter uma vida mais plena em todos os sentidos. Faço votos para que seus êxitos ultrapassem todas as suas expectativas.

1

Som, Música e Cura

Escute...

Escute mais atentamente...

Que sons você está ouvindo neste exato momento? É possível que sejam muitos. Nossa vida está cheia de sons de todos os tipos, e nossas respostas a esses sons ajudam a compor o que somos de minuto a minuto e de ano a ano. Em um extremo, irritantes e perturbadoras e em outro agradáveis ou profundamente aprazíveis, as vibrações sonoras afetam nossos pensamentos e sentimentos, bem como nossa maneira de perceber o mundo.

Um momento tranqüilo de concentração evapora-se rapidamente quando uma britadeira movida a diesel começa a quebrar o asfalto da rua em que você mora. Diante do ruído de um fundidor de metal movido a gasolina, até mesmo uma pessoa normalmente plácida vira um monstro vingativo de olhos chispantes. Música tocada em alto volume, latidos de cães, choro de bebês — tudo isso pode ser extremamente perturbador, especialmente quando não diz respeito a você!

Mas algumas frases sussurradas pela pessoa amada podem transformar instantaneamente a tristeza em euforia. As palavras balbuciadas por um bebê olhando confiante em seus olhos produzem uma alegria capaz de dissipar todas as preocupações. As tensões se desfazem quando ouvimos certas notas de um concerto de Mozart. Tudo isso por causa de algumas vibrações.

O som pode num instante mudar o curso de toda uma vida. Palavras ditas com raiva podem causar sérios problemas entre marido e mulher ou entre pais e filhos. O ruído de um motor bem-ajustado pode causar tanta satisfação a um mecânico amador a ponto de ele de repente considerar a possibilidade de iniciar uma carreira profissional totalmente nova. Uma palavra de encorajamento dita por um professor na hora certa pode inspirar um aluno por muitos anos.

Reagimos a todos esses sons, mesmo que normalmente não estejamos muito conscientes deles. Na realidade, não pensamos neles. Eles nos influenciam, mas seguimos em frente basicamente sem saber que fomos afetados por uma sabedoria antiga... uma força da natureza... um instrumento divino.

Grécia antiga: Pitágoras e a terapia do som

Ao longo de toda a história, o poder do som foi reconhecido, celebrado e investigado. O filósofo grego Pitágoras, que desenvolveu os princípios básicos da matemática e da astronomia, foi também um dos primeiros a investigar os efeitos físicos, emocionais e espirituais do som. Suas descrições sofisticadas da vibração e da harmonia anteciparam a pesquisa moderna em grau surpreendente. Usando instrumentos de corda o filósofo, junto com seus discípulos, elaborou as relações matemáticas existentes entre os sons e propôs, em sua teoria da música das esferas, que as relações entre as notas musicais também estavam expressas nas distâncias entre a Terra e os outros planetas.

Uma das pedras fundamentais da filosofia de Pitágoras é a idéia de que a beleza e a proporção — qualidades comumente encontradas na matemática, na natureza e especialmente na música — podem se transferir para o observador. Assim como uma corda tangida pode fazer outra corda vibrar, podemos começar a ressoar em harmonia com a beleza natural pela observação e apreciação dela. Expondo-nos aos prodígios da natureza, podemos cultivar uma harmonia interior que é benéfica para todos os aspectos do nosso ser.

Nas diversas escolas de filosofia dirigidas por Pitágoras, na Grécia e na Itália, a música era de fato usada como uma espécie de medicina espiritual. Certos instrumentos e melodias eram prescritos para a raiva, a tristeza e outras ditas paixões da mente. No final de cada dia, os pitagóricos recuperavam a serenidade ouvindo certos poemas e composições musicais.

Tudo isso tem semelhanças óbvias com o uso dos mantras para fins terapêuticos. Tanto as composições musicais recomendadas por Pitágoras quanto os mantras apresentados nestas páginas têm como objetivo lidar com aspirações e problemas específicos. Ambos usam combinações de sons para eliminar as dissonâncias interiores e propiciar harmonia. Tanto para Pitágoras quanto para a tradição de mantras sanscríticos, o som é mais do que um mero meio de expressão artística. O som tem aplicações práticas e poderosas no mundo real. O som pode ajudar e até mesmo curar.

A Renascença e o poder da poesia

Durante o século XVI, quando Elizabeth I governava a Inglaterra, o homem mais culto do reino era um erudito de Cambridge chamado John Dee. Dee não era simplesmente um acadêmico, mas também um estudioso das artes místicas da alquimia e da astrologia, e profundamente interessado nos efeitos da música, do ritmo e da palavra expressa sobre a consciência humana. Dee acreditava, como alguns dos poetas mais dotados de seu tempo tanto na Inglaterra quanto no continente europeu, que o som podia ser usado para sanar os mais intensos antagonismos políticos da época.

Durante todo o reinado de Elizabeth I, havia uma ameaça constante de guerra entre o protestantismo britânico e os poderes católicos da França e da Espanha. Como um dos confidentes pessoais da rainha, Dee tinha um forte interesse na pacificação dessa situação de perigo. A solução que lhe ocorreu parece incrível de acordo com os critérios de hoje, mas ela deve ser entendida no contexto de um período em que a linguagem e a música eram ainda associadas com fórmulas mágicas, feitiços e conjuração de espíritos. A poesia, que era quase sempre recitada ou cantada com acompanhamento musical, não era uma simples diversão artística. Como a oração, ela era considerada por Dee e seu círculo um meio de invocar poderes mágicos.

Se as palavras apropriadas eram associadas com a música apropriada, Dee acreditava, ocorreria um efeito purificador no coração e mente dos ouvintes, e os ódios políticos e religiosos seriam arrefecidos. Ele encontrou uma base mitológica para essa idéia na lenda grega de Orfeu, que entrou no mundo dos mortos e dele retornou são e salvo devido a seus talentos musicais hipnóticos. A lenda bíblica de Davi oferece outro modelo. Se a música do alaúde de Davi pôde acalmar o espírito do enfurecido rei Saul, conforme diz a Bíblia, talvez houvesse razão para acreditar que o som pudesse realmente trazer paz ao mundo conhecido.

Trabalhando em segredo com um grupo de poetas aristocráticos tanto na Inglaterra quanto na França, John Dee criou ritmos poéticos métricos com a intenção de pacificar o mundo. Imagine só: esse era um projeto altamente confidencial, empreendido por alguns dos homens mais cultos e proeminentes da época — cuja intenção era impedir o conflito internacional simplesmente pela música e a palavra expressa.

Mesmo que os experimentos poéticos de Dee não tenham impedido o ataque da armada espanhola nem os conflitos religiosos sangrentos que continuaram durante todo o reinado de Elizabeth, eles servem para ilustrar o poder atribuído ao som e à fala durante o mais glorioso período da Renascença inglesa. Essa visão dos potenciais políticos do som não ficou restrita àquela época. Dois séculos depois, Napoleão declarou que o hino revolucionário conhecido como "Marselhesa" era mais poderoso do que dois regimentos de cavalaria. É impossível imaginar o movimento pelos direitos civis da década de 1960 sem a existência da canção *We Shall Overcome*. Cada guerra teve sua música, com seus respectivos instrumentos militares e hinos motivadores que inspiraram as forças combatentes e os povos dos respectivos países. Como percebeu o mágico John Dee, o som tem o poder de transformar a vida das pessoas e até mesmo o mundo.

De fato, as culturas humanas fizeram uso do som durante séculos para a pacificação de conflitos e cura de males e doenças de todos os tipos. Conforme Ted Andrews escreveu em *Music Therapy for Non-Musicians*, "terapeutas chineses usavam pedras cantantes — pedaços finos e lisos de jade que emitem vários timbres musicais quando batidos ou tocados à maneira do xilofone. Os sufis consideram o *Hu* o som criativo por excelência e o cantam e entoam para efetuar mudanças na consciência. Os tibetanos consideram o *Kung* o som máximo da natureza... Os xamãs de muitas sociedades aborígines e nativas fazem uso de tambores, chocalhos e flautas [e cantos, como veremos mais adiante) para a cura do corpo e para a passagem para outros planos... Cada aspecto do som foi reconhecido por sua capacidade de efetuar mudanças no corpo, na mente e no espírito".

Minhas petúnias adoram a sua banda

Os efeitos comprovados da música estendem-se para outras formas de vida. Em seu livro, *The Secret Life of Plants*, Peter Tompkins descreve um experimento no qual deu-se as mesmas condições de iluminação, terra, água e tudo mais a quatro grupos de plantas. Um grupo ouvia *rock and roll* várias horas por dia. Um outro ouvia *jazz* e um terceiro, composições clássicas. As plantas restantes constituíram um grupo de referência que não foi submetido a nenhum estímulo musical.

Dentro de alguns dias, as plantas expostas ao som do *rock and roll* desviaram-se dos alto-falantes num ângulo de trinta graus. Comparado com o grupo de referência, o crescimento delas também foi um pouco retardado. As plantas expostas ao *jazz* apresentaram resultados variados, dependendo do artista; elas pareceram gostar particularmente de Duke Ellington e Louis Armstrong. Mas os resultados mais dramáticos foram os constatados nas plantas que ouviram música clássica. Foi o grupo que mais cresceu. E o que é mais importante: elas haviam se voltado a um ângulo de sessenta graus para os alto-falantes, como se estivessem tentando se aproximar o máximo possível da fonte da música. Um dos sons "preferidos" dessas plantas foi o de discos em que Ravi Shankar tocava *ragas* — o que na Índia equivale às sinfonias ocidentais.

Esse procedimento foi repetido, com resultados semelhantes. Em 1970, uma versão do experimento realizado por alguns estudantes universitários foi tema de uma reportagem veiculada pelo noticiário vespertino da CBS. Um dos estudantes havia mostrado os resultados filmados em fita de vídeo a um roqueiro local e recebido a surpreendente resposta: "Se o *rock* é capaz de fazer isso com as plantas, o que dirá comigo?"

Na década passada, outra pesquisa sobre os benefícios físicos e psicológicos da música comprovou o seguinte:

"Os candidatos que estudam música obtiveram melhores resultados tanto nas questões de matemática quanto de expressão verbal do SAT do que os que não estudam música."

— Comissão responsável pelos exames de ingresso na universidade, outubro de 1996.

* *Standard Assessment Task:* exame para ingresso na universidade, correspondente ao nosso vestibular. (N.T.)

"Num estudo com candidatos a faculdades de medicina, 66% dos formados em música que se candidataram a escolas de medicina foram admitidos, a maior porcentagem de todos os grupos. Apenas 44% dos formados em bioquímica foram admitidos."

— Lewis Thomas, em *Phi Beta Kappa*,
palestra proferida em fevereiro de 1994.

"Crianças em situações de risco que participaram de um programa de artes que incluía a música apresentaram todas uma elevação significativa no seu grau de auto-estima."

— N. H. Berry, Auburn University, 1992.

"Alunos de pré-escola que estudavam piano tiveram um desempenho 34% melhor em suas capacidades de raciocínio espacial e temporal do que os alunos que passavam a mesma quantidade de tempo aprendendo a usar o computador."

F. H. Rauscher e G. L. Shaw,
Neurological Research, fevereiro de 1997.

"Ouvir música pode aumentar os níveis de interleucina-1 (IL-1) no sangue de 12,5% para 14%. As interleucinas formam um grupo de proteínas associadas à produção de sangue e de plaquetas, a estimulação dos linfócitos e a proteção das células contra a AIDS, o câncer e outras doenças."

— Michigan State University, relatado por
Don Campbell em *The Mozart Effect.**

A recitação de canções, versos e fórmulas místicas existe desde muito antes do surgimento até mesmo dos instrumentos mais primitivos. Nos tempos modernos, os benefícios terapêuticos do cântico litúrgico só muito recentemente foram redescobertos, e de uma maneira bastante curiosa.

A década de 1960 foi um exemplo extremamente claro do potencial do som em benefício da saúde humana. Havia séculos, os monges de um certo mosteiro beneditino da França cantavam várias horas por dia. Então, nos anos sessenta, o Segundo Concílio do Vaticano começou a considerar a possibilidade de fazer alterações nas cerimônias religiosas, inclusive mudar a língua em que os cânticos eram entoados, do latim tra-

* *Fonte*: www.mozarteffect.com.

dicional para a língua falada no país. Mas como o Concílio não conseguiu chegar a nenhum consenso quanto à língua, foi decidido então que o canto seria totalmente excluído e substituído por atividades mais produtivas.

Quando essa nova rotina foi adotada, os monges beneditinos começaram a mudar. Durante séculos, a ordem havia vicejado com apenas três ou quatro horas de sono, mas os monges passaram a andar desatentos e cansados. Mesmo depois que seus horários também passaram por alterações para dar-lhes mais tempo de sono, eles continuaram cansados. Uma mudança na alimentação foi efetuada. A tradição vegetariana de sete séculos foi substituída por uma dieta que incluía carne, mas a saúde dos monges não melhorou.

Então, o doutor Alfred Tomatis, um especialista em ouvido, visitou o mosteiro e testou a capacidade auditiva dos monges. Muitos deles revelaram algum grau de deficiência auditiva, embora a causa não tenha sido esclarecida. A única variável parecia ser a cessação do canto. O doutor Tomatis recomendou que voltassem a cantar. Após terem retomado a antiga rotina, uma transformação ocorreu muito rapidamente entre eles. A maioria voltou a ser capaz de realizar suas tarefas normais com um mínimo de sono.

O doutor Tomatis relatou depois este episódio publicamente numa rádio canadense e explicou que o córtex cerebral pode ser "afetado", ou estimulado positivamente, por certos tipos de som e freqüências sonoras. Com suas sessões diárias de canto, os beneditinos atraíam energia para seu corpo e sua mente.

Tradições indígenas de cantos e mantras

A voz humana é, na realidade, o mais antigo instrumento musical do mundo. Todas as culturas e civilizações reconheceram seu poder mágico. As tradições dos cantos atravessaram os séculos e continuam presentes nas cerimônias e rituais sagrados. Cada religião tem seus cantos de louvor a seus deuses e deusas e invocação da cura para uma infinidade de aflições e males. Em certas épocas e em certos lugares, essas tradições são praticadas apenas por uma elite de sacerdotes e iniciados. Até hoje, muitos cantos continuam desconhecidos do mundo como um todo.

Os aborígines

As tribos aborígines da Austrália, por exemplo, só permitem que um certo número de seus cantos seja ouvido por estranhos. Um dos que visitaram essas tribos foi o antropólogo britânico A. P. Elkin. Em *The Australian Aborigines*, Elkin relata ter ouvido "uma cantoria solene de estilo bizantino entoada de maneira cômica por vozes masculinas, em uníssono e em louvor a Kunapipi, a Deusa Mãe do Centro-Norte... e que parecia ter mais que ver com o ritual de recitação de salmos do livro de orações da Igreja Anglicana".

Nos rituais dos curandeiros e feiticeiros aborígines, o canto parece servir para violar um sistema complexo de tabus e infligir danos aos inimigos. Mas como Elkin observou, "Sabemos muito pouco sobre essas práticas. Esses cantos são mantidos em absoluto sigilo. Além disso, alguns desses cantos contêm palavras de significado profundamente oculto".

Os mbuti

Em outras partes do mundo, existem povos indígenas mais dispostos a compartilhar seus segredos com estranhos. Alguns anos atrás, quando eu estava numa fila quilométrica para descontar um cheque no caixa da George Washington University, reconheci o mundialmente famoso antropólogo Colin Turnbull parado atrás de mim. Eu sabia das viagens de Turnbull pela África e suspeitava que ele tivesse conhecimento dos rituais de canto. Por isso, iniciei uma conversa com ele e falei do meu interesse por cantos e, particularmente, pelos das tradições indiana e tibetana. Turnbull contou que havia passado um tempo em ambos esses países e, em seguida, testou-me um pouco pedindo-me para recitar primeiro uma série de mantras tibetanos e depois alguns mantras indianos a Shakti. Parece que fui aprovado, já que passamos os próximos minutos numa conversa animada.

Turnbull havia passado dois anos na África central vivendo entre os pigmeus mbuti, que o iniciaram nos segredos do canto à floresta, que eles chamam de *molimo*. Segundo Turnbull, os mbuti tinham um imenso manancial de sabedoria prática. Eram capazes de curar dores de cabeça e de estômago, conheciam ervas para baixar febres e sabiam colocar de volta no lugar membros deslocados. Mas seu método mais importante de cura e solução de problemas era cantar para obter a ajuda da floresta.

— Os mbuti cantavam quase a noite inteira — Turnbull me contou. — A cantoria podia prosseguir por todo um mês e durante todo esse tempo ninguém dormia mais do que algumas poucas horas por noite.

— Mas como os problemas eram resolvidos por meio do canto à floresta? — eu perguntei.

— Bem — disse ele, erguendo seu corpo desengonçado e demonstrando uma evidente satisfação com a pergunta —, no final do canto, o problema simplesmente parecia não existir mais. Ele simplesmente desaparecia.

Posteriormente, encontrei informações mais detalhadas sobre os mbuti nos livros de Turnbull. Em *Wayward Servants*, ele escreveu: "Todos os cânticos têm em comum a mesma natureza essencial, o mesmo poder sonoro. Na linguagem dos mbuti o som 'desperta' a floresta, e a natureza do som indica a área específica de interesse dos mbuti no momento, atraindo com isso a atenção da floresta para as necessidades imediatas de seus filhos. É também a natureza essencial de todos os cantos que eles devem oferecer à floresta... Os mbuti estão acostumados a esperar que as situações melhorem. Se a dificuldade de obter caça persiste, ou a doença não dá nenhum sinal de declínio, então o problema é da floresta." Ao anoitecer, os homens reúnem-se em volta de uma fogueira e entoam cânticos *molimo*.

Os mbuti acreditam que tudo o que têm de fazer é despertar a floresta, que é por natureza benevolente, para que seus problemas sejam resolvidos. É interessante notar que, apesar de a vida, como eles a conhecem, depender inteiramente da floresta, Turnbull nos conta que "os mbuti acreditam que o próprio homem é em parte espiritual, e que sua vida não provém da carne [ou da floresta] mas de alguma outra fonte".

Quando o conheci naquela fila, Turnbull me disse que havia desejado fazer algo bem diferente de sua vida. Aos desesseis anos, ele havia feito uma viagem ao Tibete. Ia todos os dias a um certo templo e ali ele aprendera a amar a ressonância sonora que é característica típica do canto tibetano. Certo dia, ele topou lá com uma monja instruindo noviças que tinham mais ou menos a mesma idade dele. Sem entender nada do que era dito, Turnbull voltava lá todos os dias para ouvir as instruções da monja e os cantos que faziam parte de seus ensinamentos.

Depois de vários dias, a monja percebeu a presença dele e, por intermédio de um intérprete, perguntou o que queria. O jovem Turnbull respondeu que queria ficar ali e estudar com ela. Olhando vagamente para o céu, ela pareceu distante por alguns instantes. Então, voltando a olhar para ele, ela declarou que permanecer no Tibete não era o *dharma* — o desígnio ou propósito de vida — de Colin Turnbull nesta encarnação. Em vez disso, ele devia dar a volta ao mundo, viver em muitos lugares e escrever livros.

Turnbull me disse que chorou feito um bebê ao ouvir essas palavras. No entanto, sua vida acabou tomando o rumo exato que ela previra. Sua atração inicial para o canto acompanhou-o pelo resto da vida, entre diferentes povos e culturas, estudando seus cânticos ritualísticos.

Os melanésios

Os comerciantes melanésios da Nova Guiné são os praticantes mais experientes e devotos do canto. A vida deles é regulada por um complexo código de normas conhecido como *kula*, ao qual todos os rituais de canto estão relacionados. Os rituais e cantos permitem que os melanésios viajem de um lugar a outro, obtenham os melhores preços para suas mercadorias, acalmem os ameaçadores espíritos das águas e garantam a pesca do peixe certo na hora certa. Todos os cantos seguem o *kula* e servem para obter os melhores resultados nas atividades práticas do dia-a-dia.

Existem lendas a respeito dos mágicos e cantores mais capazes. Quando li *Argonauts of the Western Pacific*, o fascinante relato de Bronislaw Malinowski de suas experiências entre os papuas da Nova Guiné, identifiquei paralelos intrigantes com a sabedoria e a prática védicas. Por exemplo, o nome de um lendário sacerdote melanésio era Omkarana — e em sânscrito, Omkara é o nome sonoro da sílaba sagrada *Om*, que se tornou conhecida no Ocidente. Alguém que tenha chegado a Omkara encontra-se num estado espiritual elevado e recebe a qualificação de sacerdote supremo.

Na lenda melanésia, o feiticeiro mítico está sempre acompanhado por um cão. Na Índia, atrás das brumas do antigo hinduísmo védico, o primeiríssimo guru é descrito como um menininho chamado Dattatreya, que andava sempre acompanhado de um cão. Ele era considerado o maior mágico de seu tempo. O praticante de feitiçaria é um *geru* na língua melanésia, exatamente como em sânscrito a palavra *guru* significa mestre espiritual iluminado.

Os lendários veículos voadores usados em atividades corriqueiras são encontrados tanto na tradição dos papuas quanto na védica. A tradição oral dos nativos da Nova Guiné é recheada de referências a canoas voadoras. A epopéia indiana conhecida como *Ramayana* contém descrições de carruagens puxadas por cavalos alados.

Os melanésios, segundo Malinowski, acreditam que "toda mágica provém do mundo inferior". A mágica não provém dos sonhos, tampouco foi dada pelos espíritos que concederam aos homens o canto e a dança. Mas a mágica provém de seu lugar próprio no mundo inferior. Seu poder depende das fórmulas mágicas específicas e da natureza das pessoas que a praticam. E essas são as mesmas condições que se aplicam ao uso dos mantras sanscríticos.

Os índios norte-americanos

O canto exerce um papel especial na espiritualidade dos índios norte-americanos. Os apaches cibecue do nordeste do Arizona, por exemplo, mantêm vínculos estreitos com as antigas tradições. Dezenas de cerimônias sagradas são realizadas a cada ano para a cura e solução de problemas, e há um complexo sistema de "poderes" que pode ser usado tanto pelos curandeiros quanto pelas pessoas comuns. Esses poderes podem ser invocados a qualquer hora, tanto nas situações de vida ou morte quanto nas atividades corriqueiras.

Foram identificados pelo menos 28 poderes. Cada um deles está relacionado com um animal específico e reflete suas qualidades reais ou mitológicas. O poder do morcego, por exemplo, torna possível a fuga às escondidas de circunstâncias difíceis. Os poderes do veado de cauda branca, do urso, do coiote, da coruja e de muitos outros animais, todos têm valor prático na vida cotidiana. Obtém-se acesso ao poder pelo uso dos cantos e hinos apropriados.

Existem até 55 cantos para cada poder e cada um deles contém 26 versos. Os cantos precisam ser entoados numa seqüência rigorosamente assinalada e centenas de variações têm de ser aprendidas para se atrair um determinado poder para si mesmo.

Os poderes podem ser adquiridos de duas maneiras. É raro um poder simplesmente "aparecer" numa pessoa. Adquirir um poder de um curandeiro é mais comum, mas ainda assim não é uma prática comum devido ao custo. Tem de se pagar ao curandeiro e ele tem de ser sustentado pelo tempo que durar a aprendizagem dos cantos, que pode ser de vários meses. Os curandeiros normalmente nascem para essa função e aprendem os cantos na infância, mas qualquer um que possa pagar está qualificado para aprender os cantos de um poder específico.

Os tempos de dificuldades econômicas reduziram as fileiras de curandeiros apaches, mas existem ainda pessoas desejosas de adquirir um poder e que podem tanto pagar o preço cobrado quanto dispor do tempo necessário. Em *The Cibecue Apache*, Keith Basso registrou comentários de apaches comuns sobre como o poder deles os ajudou na vida cotidiana.

> "Eu o uso mais com os cavalos. Às vezes, eles ficam indômitos e não querem deixar-se cavalgar. Eu o uso para amansá-los. Em certas manhãs, eu não consigo encontrar meus cavalos perdidos. O poder me diz onde estão e então posso ir atrás deles."
>
> "O que eu conheço eu uso para muitas coisas. Caçar veados às vezes. Ele [o poder] me diz aonde devo ir e leva-me ao lugar onde é fácil matar um veado. Lugares propícios, onde não é difícil abatê-los."
>
> "Agora não o tenho mais, mas já o tive. Na maioria das vezes, ele [o poder] simplesmente cuidava de mim. Certa vez, quando jogávamos *se* [um jogo de azar indígena] em Oak Creek, eu estava perdendo. Então, afastei-me dali e fiz uma prece a ele. Quando voltei, comecei a ganhar. Meu poder fez isso."
>
> "Eu digo a ele para impedir que meus filhos fiquem doentes. Antes de adquiri-lo, nosso primeiro bebê morreu. Simplesmente da noite para o dia. Então, eu o adquiri. Tivemos seis filhos que não adoecem. Ele sabe que o que eu quero é o bem, por isso o faz."

Por mais complexos que sejam os rituais cantados dos apaches, os dos navajos são considerados ainda mais complexos. Em ambas as culturas, os rituais de canto tratam tanto da cura de doenças como de problemas da vida cotidiana. Nesse sentido, eles têm muito em comum com a recitação de mantras do hinduísmo védico.

Eu tive minha própria experiência com o canto indígena norte-americano quando um amigo me apresentou ao cacique Joseph, um líder indígena que também era chamado de Bela Flecha Pintada por alguns de seus seguidores. Um encontro entre nós foi arranjado quando ele esteve em Los Angeles. Em respeito à tradição, eu presenteei-o com tabaco e ele então perguntou se podia cantar para mim a bênção da pena de águia. Respondi que teria muito prazer em recebê-la e que depois eu gostaria de cantar para ele a bênção de Vishnu, um mantra cuja proteção brilha mais do que mil sóis. O cacique Joseph adorou a idéia.

Segurando uma imensa pena de águia sobre minha cabeça, ele cantou por dois ou três minutos uma canção em ritmo melodioso porém intensamente monótono. O tempo todo ele abanava a pena de águia como se estivesse voando. Eu podia sentir não apenas o movimento do ar provocado pela pena, mas também a energia da vibração, que era suave e gostosa. Suspeito que havia muito mais poder por trás dos efeitos do que eu fui capaz de perceber.

Quando chegou a minha vez, o cacique Joseph manteve a cabeça curvada em respeito enquanto recitei um mantra tradicional de proteção, juntamente com o mantra para obter a dádiva da abundância.

Quando terminamos de cantar, nos sentamos juntos e ficamos conversando por alguns minutos. O cacique Joseph impressionou-me pela simplicidade e facilidade que tinha para estar com outra pessoa, uma qualidade que observei em muitos mestres que entendem as forças ocultas que sempre nos acompanham.

Os cantos cristãos

Existem muitos cantos litúrgicos cristãos, como o *Kyrie Eleison* ("Senhor, tende piedade") e o *Dona Nobis Pacem* ("Dai-nos a paz"), que fazem parte da missa católica romana, dos serviços diários de devoção cantados por monges e dos cantos gregorianos. Orações como a *Ave Maria*, que são recitadas de maneira repetitiva, são também familiares a muitos ocidentais.

Como o mantra, o canto gregoriano é um meio extremamente poderoso de despertar a mente e o coração dos cantores e ouvintes para níveis mais profundos do ser. Conforme escreve a estudiosa Katherine Le Mée em *Chant*: "As pessoas na Idade Média estavam bem conscientes do poder da música. Elas sabiam que entoar versículos bíblicos fazia com que eles ficassem mais profundamente gravados na memória dos devotos e que os efeitos das palavras seriam mantidos por períodos mais longos de tempo com mais intensidade. Elas também sabiam que o som é causal, que ele pode fazer mudanças na própria natureza e estrutura da sociedade, bem como no interior do indivíduo." Assim como a repetição dos mantras tem o poder de esvaziar a mente e torná-la mais receptiva às inspirações do espírito, também a repetição dos cantos gregorianos podem desobstruir a mente e ser um bálsamo para o espírito.

Contudo, a grande diferença entre os cantos cristãos tradicionais e os mantras está no fato de os mantras lidarem com a energia. Os mantras dissolvem padrões de energia nociva ou negativa armazenada nos corpos físico e etérico e ajudam a criar novos padrões de energia positiva. Essa energia "pura" anima o corpo e a mente e pode atuar como um ímã para atrair outras energias positivas para a vida do praticante.

O canto cabalístico

As semelhanças entre a doutrina cabalística judaica e a védica são extremamente notáveis. Assim como a língua sânscrita é uma chave para o conhecimento e o poder espirituais, pode-se dizer o mesmo da hebraica. Conforme H. P. Blavatsky escreveu em *A Doutrina Secreta*, "No sânscrito, assim como no hebraico, cada letra tem seu significado oculto e sua lógica; cada letra é causa e efeito de uma causa precedente. Esses encadeamentos costumam produzir efeitos extremamente mágicos. As vogais, em especial, contêm os potenciais mais ocultos e formidáveis".

Abraham Abulafia, que viveu no final do século XIII, era um herege dentro dos círculos cabalísticos. Ele revelou o segredo mantido através dos séculos pelos mestres que procuravam manter oculto o poder dos "nomes", ou das letras, do alfabeto hebraico. Abulafia sozinho tornou pela primeira vez o saber esotérico acessível às pessoas comuns. Seu caso apresenta alguns paralelos com o de Buda, que revelou segredos guardados pelos sacerdotes brâmanes ortodoxos e tornou as práticas meditativas, inclusive os mantras, acessíveis a todos.

Em seu livro místico *The Pomegranate Orchard*, Moses Cordovero expressa a idéia de que as manifestações dos atributos de Deus chegam à consciência humana em forma de som. Unindo-se a essas vibrações sagradas, os profetas dos tempos antigos conseguiram perceber que todos os mundos, todos os níveis de consciência e todos os seres são um só.

Esse conceito é quase idêntico ao transmitido durante milhares de anos pelos profetas da Índia. Entretanto, na prática, existem diferenças enormes entre os dois sistemas. Por exemplo, na tradição védica o alfabeto sanscrítico produz efeitos de acordo com um mecanismo bioespiritual muito distinto. Qualquer que seja o resultado desejado — alcançar a união com o Divino, a cura de uma pessoa querida ou conseguir um novo emprego — os métodos védicos de recitar mantras são os mesmos. Para a solução de problemas relativos à cura ou resolução de conflitos de vida, os sons sagrados do alfabeto sanscrítico produzem um efeito bioespiritual específico. Na tradição cabalística, o corpo é relativamente insignificante. A recitação de mantras é comumente de natureza devocional e religiosa, mas existe também uma forma antiga de ciência aplicada por trás dessas práticas. Esses mantras curam não apenas o espírito, mas também o corpo e a mente.

Muitas tradições de canto de todo o mundo são caracterizadas por uma espiritualidade profundamente sentida e uma crença no poder do som sagrado para efetuar mudanças na vida cotidiana. Ao aprender a usar mantras na sua vida, é possível que você constate que sua maneira pessoal de usar essas fórmulas antigas assume essas características. E também que quer manter seu mantra para si, protegido da influência de outros, exatamente como muitas tradições mantiveram seus cantos e rituais em segredo.

2

Como os Mantras Atuam: Nossa Fisiologia Espiritual

Com o passar dos anos, cheguei à conclusão de que os antigos ensinamentos sobre karma são absolutamente fundamentais para o uso que faço dos mantras com finalidades terapêuticas. A palavra sânscrita *karma* passou a fazer parte da língua inglesa e da nossa cultura popular, mas o que ela realmente significa? Karma é a soma total dos pensamentos, atos, sonhos e desejos que nos acompanham de uma vida para outra através do tempo e do espaço, trançando os fios da nossa relação com o universo.

Por que as coisas acontecem de determinada maneira para nós? Por que uma pessoa alcança o sucesso e outra fracassa? Por que uma pessoa é curada de uma doença aparentemente fatal e outra morre? Perguntas como essas vêm ocupando filósofos e pensadores espirituais há milhares de anos. Muitas respostas diferentes foram apresentadas, mas nenhuma explicação satisfez plenamente nosso espírito ou nossa mente racional.

Na lenda bíblica de Jó, uma aposta entre Deus e o diabo inflige um sofrimento terrível a um homem de retidão inabalável. Mas quando a vítima clama por uma explicação para o que se abateu sobre ela, Deus responde que um simples ser humano não tem o direito de perguntar. Ninguém tampouco tem capacidade para entender as forças divinas que governam o universo. Deus criou a baleia, ele lembra a Jó e, enquanto os homens não forem capazes de realizar tal prodígio, eles terão de aceitar e não rebelar-se contra o destino que lhes foi traçado.

As tradições clássicas da Grécia e de Roma transmitem uma mensagem parecida. Na *Ilíada*, o poema épico sobre os dez anos de guerra entre gregos e troianos, uma combinação de destino imutável e frívolas disputas domésticas entre os deuses decide quem morre e quem sobrevive. Os deuses costumavam interpelar seus súditos humanos assumindo outras identidades e corpos, atuando, em outras palavras, como instrumentos kármicos de mudança, desafio, consciência e recompensa. Embora os gregos e romanos conseguissem, às vezes, por meio de súplicas, acalmar as emoções e atitudes caprichosas dos deuses, as decisões deles eram em sua maioria irreversíveis.

Os ensinamentos védicos sobre a prática de mantras, entretanto, oferecem um método direto de influenciar as águas das circunstâncias nas quais nadamos todos os dias da nossa vida terrena. Os mestres acreditavam que nós humanos podemos fazer algo para mudar nosso destino — com a prática dos mantras!

O karma

Destino e karma são, na realidade, duas idéias diferentes. Destino implica impotência, o indivíduo sendo controlado por um universo imutável. Karma, por outro lado, é um conceito que envolve poder. A palavra sânscrita *karma* entrou no vocabulário inglês como parte da cultura popular. Mas o que ela significa realmente? Muito resumidamente, karma é simplesmente a lei de causa e efeito. No vernáculo atual, quer dizer "O que vai volta"; de acordo com um ditado bíblico, "Colhemos aquilo que plantamos". O que mandamos para o universo, de alguma forma volta para nós — e esse processo pode abarcar mais do que uma vida.

Pelo exercício do nosso livre-arbítrio, de acordo com os Vedas, tanto acumulamos quanto "transformamos" o karma; e o karma que atraímos para nós é tanto positivo quanto negativo. Mas, embora se possa preferir um "karma bom" a um "karma mau", o propósito último é não ter absolutamente nenhum karma, estágio em que ficamos livres da roda do renascimento e podemos transcender o plano terreno. O karma positivo, exatamente como seu oposto, na verdade nos prende a este plano.

A sabedoria védica descreve quatro tipos de karma:

1. O **Karma Sanchita** é a soma de todas *as ações passadas acumuladas* durante todas as vidas *anteriores* de uma pessoa. Esse tipo de karma prepara o terreno para a vida atual, como também, possivelmente, para as seguintes.
2. O **Karma Prarabdha** é a parte do karma Sanchita que resultou das *ações passadas* na vida atual. Este tipo de karma tem mais a ver com o nosso dia-a-dia. Apesar de não podermos alterar os eventos desta vida que criaram o karma Prarabdha, podemos, pela prática de mantras, alterar nossas condições interiores, tanto emocionais quanto físicas, e com isso alterar o efeito que o karma Prarabdha tem sobre nós.
3. O **Karma Agami** é o resultado das ações praticadas na vida *atual* que afetará as encarnações *futuras*. Este tipo de karma pode ser considerado a plantação das sementes que mais tarde serão colhidas. A idéia budista do "meio de vida correto", a Regra de Ouro, ou os Dez Mandamentos, por exemplo, podem ser usados como diretrizes para a otimização do karma em nossa próxima vida.
4. O **Karma Kriyamana** é o resultado *imediato* de nossas ações *atuais*. Se, por exemplo, você agride alguém, essa pessoa pode muito bem reagir agredindo-o. O karma Kriyamana é o "karma instantâneo".

Karma acumulado

Carregamos o karma conosco como uma bagagem que armazenamos em várias partes do corpo. Por exemplo, o karma Sanchita — todas as nossas ações e decisões passadas — é guardado na alma. No momento em que nascemos, uma parte do total desse karma passa para o corpo físico e outra parte vai para o corpo etérico. O restante continua armazenado e não vai entrar em ação durante esta vida em particular. As partes do karma Sanchita, ou das vidas passadas, que foram liberadas se manifestarão através da rede de canais neurais (neurônios) que definem a atividade da nossa mente/cérebro e nossa personalidade, bem como o nosso corpo físico. O karma Sanchita também vai afetar a situação do nosso nascimento, dotando-nos de uma predisposição e de um ambiente que influenciarão nossos hábitos, preconceitos e o desenvolvimento de talentos e habilidades que usaremos nesta vida para transformar uma determinada parte do nosso karma.

Enquanto seguimos pela vida, as pessoas que encontramos ou as circunstâncias com as quais nos deparamos liberam e colocam em ação parcelas particulares do karma. Cada vez que isso acontece, temos a oportunidade de transformar uma parcela específica do nosso karma. Suponhamos, por exemplo, que algo de ruim aconteça — a perda de um emprego, o surgimento de uma doença grave ou a perda da pessoa amada: uma pessoa pode ficar deprimida ou desanimada, enquanto outra, diante desses mesmos problemas, pode permanecer otimista, ou ficar ainda mais determinada a vencer o obstáculo. Entretanto, cada uma delas estará atuando sobre seu próprio karma particular.

Como agir sobre o karma

A palavra "mantra" é derivada das palavras sânscritas *manas*, ou "mente", e *trai*, "proteger" ou "libertar-se de". O sentido literal da palavra mantra é, portanto, "libertar-se da mente". O mantra é um instrumento mental que pode nos livrar de nossos hábitos mentais condicionados e da sujeição a quaisquer circunstâncias de vida predeterminadas. A jornada partindo do mantra para a liberdade é gratificante e surpreendente; ela nos conduz através da imobilidade e estagnação dos pensamentos viciados para a essência fundamental e a unidade da consciência.

A Lei do Karma inclui também a noção de graça, pela qual o karma negativo pode ser perdoado pela autoridade divina ou mesmo tomado por outra pessoa para servir a algum propósito mais elevado. Um exemplo extremamente instigador disso ocorre no Novo Testamento, em que se afirma que Jesus tomou para si os pecados coletivos da humanidade.

Mas a idéia de tomar para si o karma de outros não se restringe de maneira alguma a personagens divinos ou figuras religiosas. Mestres espirituais altamente desenvolvidos assumiram de boa vontade fardos kármicos de outros. O grande sábio Paramahansa Yogananda visitou certa vez um lugar na Índia onde a elefantíase proliferava por toda parte. Quando começou a apresentar todos os sintomas dessa doença, Yogananda disse simplesmente que estava "cumprindo sua parte", e seus discípulos entenderam que, com isso, ele queria dizer que estava tomando para si uma parcela da doença para aliviar os sofrimentos dos contaminados.

Certa vez, queixei-me a um mestre espiritual de uma dificuldade que eu estava enfrentando. Depois de me examinar atentamente, ele disse: "Muito bem, deixe-me ficar com ela." Algo animou-se dentro de mim e ele pareceu ficar um pouco abatido. "Mais uma aflição sobre mim", ele comentou fazendo uma careta. Mas em seguida deu de ombros, como se dissesse, "Que importância tem isso? É apenas o corpo e eu não sou este corpo".

A recitação de mantras atua diretamente sobre todos os tipos de karma, ajudando-nos a superar o que pode ter sido criado inadvertidamente ou sem saber nesta ou em alguma vida passada. Assim, podemos curar vários males físicos, emocionais e espirituais que trouxemos para esta vida como parte da nossa herança kármica. No Capítulo 6, apresentaremos inúmeros mantras voltados para o karma planetário, incluindo os karmas Sanchita e Prarabdha. Mas se você está sofrendo os efeitos dos karmas Kriyamana e Agami na sua vida atual, talvez queira praticar o seguinte mantra antes de prosseguir:

Om Sri Shanaishwaraya Swaha

"Om e saudações a Saturno, o planeta do aprendizado."

Na nossa visão corriqueira do mundo, tomamos como óbvia a idéia de que somos indivíduos separados, apartados de tudo que está ao nosso redor. Quando olhamos para uma árvore ou uma cadeira, entendemos que esses objetos existem separados de nós, que os observamos. A árvore e a cadeira estão num lugar e nós em outro.

Da mesma maneira, se você olha para uma fotografia dos seus pais, que foi tirada antes de você ter nascido, ou se lê um livro sobre a Guerra Civil, você sabe que os momentos ali registrados ocorreram no passado e que a passagem do tempo separa você dos fatos por eles descritos.

Com respeito a certos aspectos importantes, entretanto, essa separação é ilusória. Se você está parado no quintal com o olhar fixo em uma árvore, essa árvore exerce uma força gravitacional sobre o seu corpo que é extremamente real, embora seja demasiadamente fraca para você senti-la. A mesma força gravitacional faz com que os objetos caiam no chão e não fiquem flutuando no espaço. A Lua exerce a mesma força gravitacional sobre a Terra para criar as marés. Pela força e energia da gravidade, os objetos estão realmente em contato uns com os outros, apesar de parecerem estar fisicamente separados.

Devido a fatores como hereditariedade e memória, tampouco estamos separados do passado. Fatos ocorridos muito tempo atrás continuam nos afetando até hoje. Neste exato momento, nossa vida é em parte determinada pelos fatos que ocorreram muitos anos atrás, antes de termos nascido. Por exemplo, a luz das estrelas que vemos piscando para nós da escuridão do céu noturno foi emitida por essas estrelas há milhões de anos e só agora está chegando ao nosso planeta. A própria matéria da qual nosso corpo é feito formou-se no início da criação.

No capítulo anterior, examinamos a visão pitagórica, segundo a qual, se nos expomos à beleza e à simetria, podemos atrair a energia positiva dessas qualidades para a nossa consciência e até mesmo para o nosso corpo físico. Assim como uma árvore pode ser atingida por um raio vindo do céu, o poder do cosmos pode preencher o espaço entre o nosso eu separado, individual e o universo como um todo. Uma maneira de invocar esse fluxo benéfico de energia positiva é pela prática dos mantras.

O caduceu e a nossa fisiologia espiritual

O som pode alterar nosso humor e melhorar nosso bem-estar em geral. No entanto, a chave para o entendimento dos mantras está na relação entre nosso eu físico e nossa fisiologia espiritual, à qual muitos metafísicos referem-se como nosso corpo etérico. O corpo etérico interpenetra nosso corpo físico. É uma forma de energia que é tanto expressão de nosso corpo individual quanto da energia universal da qual nós e todas as formas materiais somos originários. A forma e a energia do corpo etérico afetam nossa saúde física e mental e tudo pelo que passamos e vivemos. O corpo sutil influencia a saúde de todo o nosso corpo físico.

O antigo símbolo de cura conhecido como caduceu ilustra muito bem a relação entre o corpo físico e a fisiologia espiritual do corpo sutil.

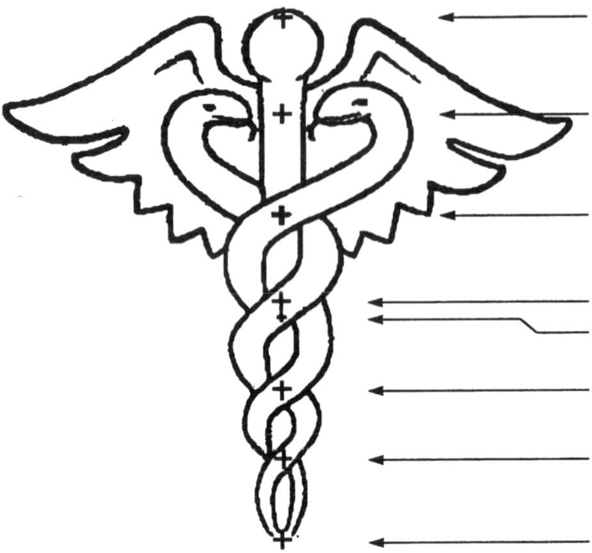

Um par de serpentes enroscadas num bastão. Na ponta do bastão, as serpentes se unem e formam asas. Nos círculos metafísicos, o caduceu é também conhecido como bastão de Hermes e houve um tempo em que se acreditava que ele tinha poder para fazer retornar a energia vital aos mortos.

Simbolicamente, o bastão do caduceu é o eixo central do corpo sutil e a espinha dorsal do corpo físico. As serpentes representam as energias masculina e feminina — em sânscrito, Ida e Pingala — que circulam por todo o corpo, cruzando-se e encontrando-se nos cinco centros de energia conhecidos como chakras, que estão fisicamente situados ao longo da coluna. O sexto chakra é o da terceira visão, situado entre as sobrancelhas, que nos liga a uma consciência superior, numa união da inteligência humana com a divina. O sétimo chakra encontra-se no topo ou coroa da cabeça, intermediando o Divino e a nossa consciência superior.

Os chakras

A palavra sânscrita *chakra* significa "roda", e essa é uma imagem apropriada para representar os centros energéticos do nosso corpo. Esses cen-

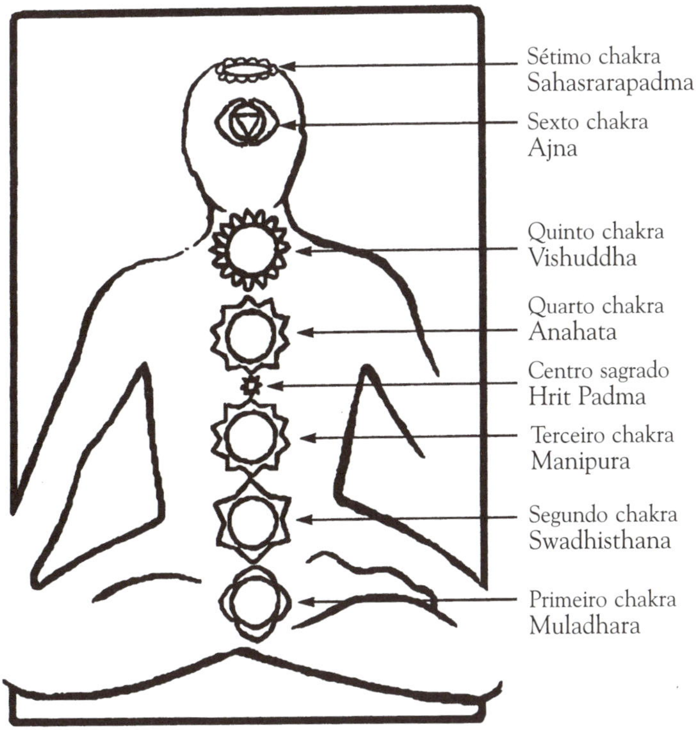

tros de energia assemelham-se a vórtices, forças dinâmicas que rodopiam em nosso corpo sutil. Os chakras em geral correspondem aos mais importantes centros ou plexos nervosos que atuam, no corpo físico, como cérebros locais em miniatura ou "subprocessadores" de informações. Assim como os centros nervosos estão sempre trabalhando para regular nossos vários sistemas físicos, os chakras também estão ocupados em assimilar e distribuir uma energia essencial, conhecida como prana, através de nossos corpos físico e etérico.

Certos mestres espirituais descreveram as extremidades externas dos redemoinhos de energia dos chakras comparando-os a vibrantes pétalas de girassóis gigantes. Os iniciados que são capazes de ver os chakras, como os que conseguem enxergar a aura, também descrevem cores de tonalidades e intensidades que variam de acordo com as partes do corpo físico que cada um influencia e às quais corresponde. A cor, a energia e a intensidade dos chakras variam de acordo com o estado de saúde ou doença da pessoa. Por exemplo, as pessoas que consomem grandes quantidades de álcool ou drogas apresentam certos padrões tipicamente doentios. Em tais pessoas, as "flores" dos chakras podem parecer quase sem vida, com cores desbotadas. Na realidade, mesmo nas pessoas que gozam de uma saúde relativamente boa, os chakras normalmente parecem flores pendendo de suas hastes. Na maioria de nós, os chakras podem reter e processar apenas uma quantidade limitada de energia. Quando praticamos mantras e outras disciplinas espirituais para fortalecer nossa energia interior e, em particular, quando procuramos despertar uma forma de energia dinâmica chamada kundalini, que jaz adormecida dentro de nós, podemos aumentar a capacidade de retenção de energia dos nossos chakras e elevar ao máximo a nossa saúde e bem-estar.

Embora a maioria dos livros sobre chakras apresente seis chakras principais localizados ao longo da coluna e um no topo da cabeça, na realidade, existem dezenas de chakras no corpo sutil. Alguns terapeutas, por exemplo, costumam usar os chakras localizados nas palmas das mãos para transmitir energia prânica. Existem chakras na cabeça que jazem adormecidos e são despertados apenas quando alcançamos um certo estágio de desenvolvimento espiritual. Existem dois grandes chakras nos pés que, quando despertados, podem direcionar a energia para fora de uma forma extremamente intensa, no iniciado ou mestre espiritual.

A prática de mantras atua sobre os chakras de várias maneiras. Primeiramente, remove os bloqueios para que possam funcionar com eficiência. Em segundo lugar, os mantras que atuam sobre chakras específicos "atraem" a energia de uma célula de poder feminino adormecida no primeiro chakra, localizado na base da coluna. Isso dá aos chakras grandes quantidades de energia para trabalhar pela restauração da saúde, melhorando as condições e circunstâncias de vida e eliminando os obstáculos kármicos que estavam nos barrando o caminho. Em terceiro lugar, os mantras retiram do ambiente a energia que sempre esteve presente ao nosso redor, mas não disponível para os chakras. Pela prática de mantras, obtemos um ganho líquido de energias disponíveis e utilizáveis, bem como entramos em contato com a extremamente poderosa energia kundalini. Recitar mantras é um modo extremamente eficaz de ativar a energia por todo o corpo e espírito.

Os cinco chakras localizados ao longo da coluna são:

1. **O Centro da Base: Chakra Muladhara**
   ELEMENTO: Terra
   Corresponde ao plexo coccígeo, a base da coluna ou ânus, e controla a energia da eliminação.

2. **O Centro Sexual: Chakra Swadhisthana**
   ELEMENTO: Água
   Corresponde ao plexo sexual, os órgãos sexuais e reprodutivos, que controlam a energia da atividade sexual, da fertilidade, da reprodução e da criatividade.

3. **O Centro do Umbigo: Chakra Manipura**
   ELEMENTO: Fogo
   Corresponde ao plexo solar, o estômago e os órgãos abdominais, e rege a energia das funções digestivas.

4. **O Centro do Coração: Chakra Anahata**
   ELEMENTO: Ar
   Corresponde ao plexo cardíaco, o coração, que controla a energia da circulação/respiração e também ajuda o sistema imunológico.

5. **O Centro da Laringe: Chakra Vishuddha**
   ELEMENTO: Éter
   Corresponde ao plexo da faringe ou laringe, que influencia o mecanismo da fala. Esse é também o centro da "vontade".

6. **O Centro Frontal: Chakra Ajna**
   ELEMENTO: Mente
   Corresponde ao cérebro e seus centros nervosos e está situado no meio da testa, entre e um pouco acima das sobrancelhas. Refere-se também ao centro da terceira visão. O sexto centro é representado pelas asas no caduceu.

Um último chakra que eu gostaria de mencionar, mas que não está situado nem na coluna nem na cabeça, é conhecido como **Hrit Padma** ou "centro sagrado". Ele está localizado entre o quarto e o quinto chakra, três dedos abaixo do coração na parte frontal do peito, e é considerado pela tradição védica como sendo o lugar da alma. Além desses sete chakras e dos situados nas mãos e nos pés, dos quais já falamos, certos líderes espirituais ensinaram que existem outros pequenos chakras próximos dos órgãos e glândulas.

O prana e a kundalini

Em todos nós circula uma energia primordial, o prana, que nutre todos os nossos vários sistemas vitais. Existem na realidade cinco tipos de prana: prana, upana, samana, udana e vyana, mas o prana é em geral conhecido como a energia da luz espiritual que contém a substância de nosso corpo etérico. O significado literal de *prana* é "sopro vital". Sem a corrente de prana circulando por nosso corpo, nós morreríamos. Conduzimos o prana com a mente quando fazemos visualizações de cura ou recitamos mantras. A energia prânica pode ser transferida de uma pessoa para outra, como fazem certos terapeutas quando aplicam massagem terapêutica, acupressura, toques terapêuticos, reiki, jin shin jyutsu e outros tratamentos de imposição de mãos.

Mas a energia kundalini é diferente do prana. A kundalini é uma energia de evolução espiritual, crescimento e expansão da consciência, apesar de ter sido considerada indevidamente como energia sexual. Ela pode ser comparada a uma pilha de potência inativa, localizada na base da coluna no primeiro chakra. Ela também tem sido representada como uma cobra de três espirais e meia em completo repouso na base da coluna. Na maioria das pessoas, a kundalini encontra-se adormecida como "energia em potencial". Podemos, entretanto, através de práticas espirituais como a recitação de mantras, de orações e meditações, despertar essa energia, fazendo-a subir pela coluna vertebral e energizar os plexos do corpo físico e os chakras correspondentes no corpo sutil. Segundo a literatura mística, o processo desenvolve-se gradualmente no início e prossegue por muitos anos ou até mesmo vidas. Por fim, a energia kundalini chega ao centro da testa ou terceira visão. Quando isso acontece, é alcançada a consciência cósmica ou auto-realização. Nessa condição nova ou suplementar, a pessoa pode manifestar seus poderes de cura. A consciência está tão expandida que as respostas para mistérios espirituais profundos tornam-se subitamente evidentes. A interligação de todas as formas de vida pode se tornar um "conhecimento" visceral e deixar de ser um mero conceito e vemos os efeitos infinitos de nossos próprios atos e pensamentos.

A kundalini e a consciência superior podem também ser despertadas espontaneamente por eventos corriqueiros. Quando a pessoa é profundamente tocada por uma peça musical ou inspirada por um poema, ou ainda quando sente um amor profundo por outra pessoa, a kundalini está começando a despertar. No entanto, essa manifestação parcial é ainda apenas a "fumaça". O "fogo" da energia universal é bem diferente e indescritivelmente intenso.

Mesmo que apenas alguns poucos dentre nós sejam capazes de alcançar um estado tão elevado de consciência, todos nós podemos obter benefícios da prática de mantras para a energização de nossos chakras e aumento de nossa disposição.

A prática de mantras ajuda a preparar os chakras para receber e usar grandes quantidades de energia espiritual. Na maioria de nós, os chakras conseguem reter apenas uma quantidade limitada de energia espiritual. Enchê-los com uma carga muito alta proveniente da kundalini sem o devido preparo seria apenas prejudicial. Por isso, as experiências com a kundalini nas quais a energia desperta espontaneamente ou pela prática de meditação costumam ser brandas. Existem, entretanto, relatos de pessoas para quem a experiência do despertar foi tão intensa que mudou a vida delas para sempre.

No Ocidente, não foram muitas as pessoas que tiveram a experiência desse fenômeno, embora os efeitos desse despertar possam ser reconhecidos tanto nas curas efetuadas por Jesus quanto na vida dele. Os cristãos falam no poder que tem o Espírito Santo para animar, curar e iluminar. Nos tempos atuais, as pessoas que receberam uma bênção de Paramahansa Muktananda podem confirmar o quanto é poderosa a corrente que ele passa para seus discípulos. Poderes semelhantes foram atribuídos ao místico hindu do século XIX Ramakrishna e a seu seguidor Vivekananda.

A prática de mantras aumenta nossa voltagem espiritual

A prática de mantras permite que os chakras "se liguem" com segurança e operem numa "voltagem" mais alta. Quando praticamos mantras sanscríticos, estamos aumentando a capacidade de retenção de energia espiritual pelos chakras. É como se uma lâmpada de 25 watts fosse capaz de conter 50, 100, 500 e até 1.000 watts. O poder dos mantras não provém de nenhum significado especial transmitido por suas sílabas, mas do efeito vibratório que eles criam quando são recitados repetidamente.

Com esse entendimento amplo da nossa fisiologia espiritual, do nosso corpo etérico e dos chakras e, também, de como nossas energias espirituais mais profundas podem ser despertadas, podemos agora examinar o que acontece conosco quando recitamos mantras. O processo de entoar essas antigas fórmulas age sobre a vida cotidiana mesmo que não saibamos o que estamos dizendo, uma vez que o poder dos mantras tem muito mais que ver com energia do que com o significado das palavras.

O alfabeto sânscrito é composto de cinqüenta letras. Essas letras correspondem às cinqüenta pétalas dos seis chakras, da base à fronte. Assim como os próprios chakras, os iniciados espirituais conseguem realmente "ver" as letras nas pétalas dos chakras. Quando um mantra sanscrítico é recitado, as pétalas correspondentes às letras contidas no mantra vibram em ressonância espiritual. Isso desencadeia uma seqüência de efeitos energéticos.

Primeiro, a própria pétala — a energia externa do chakra — é estimulada pela vibração e sintoniza-se com um estado de energia superior. Em seguida, como uma pedra faz com que a ondulação atravesse todo um lago, as pétalas do chakra vibram a energia do plexo correspondente no corpo físico. Essas vibrações têm efeitos energéticos estimulantes, fortalecedores e reguladores que promovem a cura de nossos sistemas físicos. Assim como levantar peso aumenta a capacidade de nossos músculos e também de nossa estrutura óssea para realizar tarefas que requerem mais força, recitar mantras sanscríticos é uma forma de exercício para os chakras. Obtemos um lucro líquido de energia espiritual e um aumento correspondente de nossa capacidade de processar a poderosa energia kundalini. Além disso, quando nos concentramos na vibração sonora do mantra com uma *intenção* consciente, podemos até mesmo direcionar sua energia (prana) para partes específicas do corpo.

Através da vibração do mantra, a energia espiritual do ambiente é atraída para os chakras do praticante, aumentando com isso sua reserva de energia espiritual.

Além de energizar os chakras e atrair a energia do "circunstante" (como dizem os físicos), o mantra também equilibra as energias masculina e feminina que atravessam o corpo, permitindo que a kundalini circule por ele.

À medida que a kundalini vai impregnando cada chakra, os "girassóis" começam a se erguer sobre suas hastes, suas flores não mais fechadas e pendentes, mas completamente abertas e girando com os novos níveis de energia que vitalizam ainda mais o corpo físico.

O que vai volta

Como os mantras estimulam e energizam os chakras, possibilitando que recebam e enviem mais energia para o corpo sutil e o corpo físico, ocorre ainda outro efeito: o karma é queimado. A vibração produzida pelo mantra recitado começa a alterar nossa condição interior, tanto física quanto espiritualmente, e a dissolver padrões energéticos acumulados no corpo sutil. Esses podem ser constituídos de hábitos subconscientes ou predisposições a algum potencial kármico negativo. Os casos de karma a que estamos nos referindo aqui são, em sua maioria, do tipo Prarabdha, que acumulamos através de nossas ações passadas, mas que estão atuando em nossa vida atual. Mas também é possível queimar o karma Sanchita (das vidas passadas) dessa maneira.

Algumas verdades fundamentais a serem lembradas com respeito aos mantras

1. **Os mantras são sons de base energética.** As palavras usadas nas conversas derivam seu poder do significado que contêm. O mantra deriva seu poder do efeito energético produzido por seu som. Recitar um mantra produz uma determinada vibração físi-

ca em forma de um som que, por sua vez, produz vários "efeitos energéticos" nos corpos físico e sutil.

2. **Os mantras são também sons provenientes dos chakras.** Cada uma das cinqüenta letras do alfabeto sânscrito corresponde a uma das cinqüenta pétalas dos seis chakras, da base da coluna à fronte. O mantra sanscrítico transmite vibrações para as letras contidas nas palavras do mantra, que energizam a pétala e atraem a energia espiritual da atmosfera circundante para a pessoa que está recitando o mantra. Dessa maneira, o mantra afeta tanto o seu corpo físico quanto sua consciência espiritual. E a pessoa literalmente cresce, espiritual e fisicamente.
3. **O mantra — combinado com a intenção — aumenta os benefícios físicos e espirituais.** Quando combinamos a energia física do mantra, a *vibração sonora*, com a energia mental da *intenção e da atenção*, aumentamos, fortalecemos e direcionamos o efeito energético do mantra. A intenção, a razão de estarmos recitando o mantra, é transmitida pela vibração física, produzindo um efeito. Essa é a essência do mantra sanscrítico.
4. **Os mantras só podem ser expressos em palavras de forma aproximada.** Se queremos dizer a uma criança pequena que ela não deve tocar no forno, procuramos explicar a ela que o forno queima. Entretanto, palavras não bastam para passar a experiência. Somente o ato de tocar no forno e ser queimado define o verdadeiro significado das palavras "quente" e "queimar", quando relacionadas com "forno". Em essência, não existe nenhuma linguagem que traduza a experiência de ser queimado.

   O mesmo acontece com os mantras. A única verdadeira definição é a experiência que o mantra acaba produzindo na pessoa que o pratica. No entanto, da "vidência" original de um determinado mantra até as experiências partilhadas de maneira idêntica pelas pessoas que o usaram posteriormente, o mantra vai ganhar uma "definição baseada na experiência", ou seja, ele vai ficar conhecido pelos efeitos que produz.
5. **O mantra energiza o prana.** Prana é a energia essencial que pode ser transferida de uma pessoa para outra. Certos terapeutas operam através de uma transferência consciente de prana; um terapeuta de massagem habilidoso, por exemplo, pode muitas

vezes transferir prana com efeitos benéficos. A autocura também é possível através da concentração de prana em órgãos específicos.

Quando recitamos um determinado mantra visualizando um órgão interno banhado em luz, o poder do mantra pode concentrar-se nesse órgão com efeito positivo. O ato de visualizar, nesse caso, funciona como intenção, foco e direcionamento da energia produzida pelo mantra.

6. **Os mantras produzem energias comparáveis à do fogo.** O fogo pode cozinhar sua comida ou incendiar uma floresta. É o mesmo fogo. Os mantras, também, invocam energias poderosas e, por isso, devem ser tratados com respeito. Existem certas fórmulas tão poderosas de mantras que têm de ser aprendidas e praticadas sob supervisão cuidadosa de um instrutor qualificado. Essas são mantidas como segredos bem guardados e não deixaram o Extremo Oriente.

Os mantras que são amplamente usados no Ocidente e os contidos neste livro são perfeitamente seguros para serem praticados diariamente, mesmo com intensidade.

Os mantras e a transformação da consciência

A consciência humana existe simultaneamente em muitos níveis. Na realidade, é uma complexidade de estados de consciência distribuídos pelos corpos físico e etérico. De fato, cada órgão do corpo tem uma consciência primitiva própria que lhe permite desempenhar certas funções específicas. Cada órgão é também parte de um sistema. Os sistemas cardiovascular, reprodutivo, digestivo e nervoso, todos incluem órgãos funcionando em estágios um pouco diferentes de um mesmo processo. Níveis semelhantes de funcionamento e estados de consciência existem também no corpo sutil.

Quando recitamos mantras, desencadeamos uma vibração poderosa que corresponde tanto a um nível específico de energia espiritual quanto a um estado de consciência em forma embrionária. Aos poucos, a vibração do mantra começa a superar todas as vibrações menores. Essas acabam sendo absorvidas pelo mantra. Depois de um tempo, cuja extensão varia de pessoa para pessoa, a grande onda vibratória do mantra silencia todas as outras vibrações no interior de determinados órgãos e sistemas. Finalmente, a pessoa estará em perfeita harmonia com a energia e o estado espiritual representados pelo mantra e contidos nele.

A prática de mantras sanscríticos aumenta a vitalidade e a capacidade de utilização de energia pelos chakras no nosso corpo etérico e pelos órgãos de nosso corpo físico. À medida que vamos nos aperfeiçoando como praticantes de mantras, novas experiências podem nos ser proporcionadas. Certas pessoas podem começar a ver auras — as faixas de luzes coloridas que envolvem cada um de nós como uma auréola. Outras podem perceber a entrada de uma energia misteriosa pelas mãos ou pelos pés. E que a intuição começa a ficar muito mais aguçada.

Assim como existe uma grande variedade de habilidades humanas, existe também uma grande diversidade de aplicações para essa nova energia disponível. Muitos de nós terão seus males físicos curados, condições de vida indesejadas alteradas e karmas negativos eliminados.

Durante toda a nossa vida, a energia vital do prana perpassa o nosso sistema bioespiritual. Os chakras rodopiam, recebendo e distribuindo energia, e os órgãos físicos desempenham suas funções com a energia disponível.

Exatamente como a prática de mantras purifica e energiza o corpo físico, a repetição deles tem um efeito similar no corpo sutil. Mesmo a recitação de um mantra em voz extremamente suave afeta os chakras que correspondem aos centros nervosos do corpo físico. O simples fato de pensar num mantra — pronunciando-o mentalmente em silêncio — pode estimular o processo de remoção de impurezas espirituais, energizando os chakras e queimando karmas.

3

Como Praticar o Mantra de sua Escolha

As disciplinas espirituais são extremamente precisas em sua estrutura e método. No caso dos mantras, cada disciplina costuma ter um objetivo central e envolver um número determinado de repetições para que esse objetivo seja alcançado.

Para se alcançar objetivos espirituais precisos, o número total de repetições pode para muitos parecer impossível: 125.000 ou mais. Mas para a solução de problemas mundanos ou materiais, as regras são bem diferentes e o número de repetições muito menor. Este capítulo vai ajudar você a criar um método específico para facilitar o seu entendimento da dinâmica dos mantras.

Solução de problemas mundanos

A melhor maneira de resolver um problema é defini-lo claramente. Escreva-o numa folha de papel. Mesmo que você escreva apenas algumas frases, descreva o problema o mais concisamente possível. Depois, dobre o papel e coloque-o em algum lugar especial, onde deverá permanecer enquanto você estiver realizando a prática: em cima do guarda-roupa, na prateleira de um armário, numa caixa de jóias, numa gaveta da escrivaninha ou em qualquer outro lugar. Se você decidir colocar seu papel num lugar visível, talvez você queira colocá-lo perto de algum objeto de decoração — velas, incenso, imagens, cristais ou qualquer outro objeto semelhante. Mas você não é obrigado a fazer isso. Seu papel dobrado e sua firme intenção bastarão.

Abordagens básicas

Agora que já criou a base para sua prática, você pode escolher entre uma das duas seguintes abordagens básicas:

- *Repetir o mantra com a maior freqüência possível por um determinado período de tempo.* Se adotar esta abordagem, você terá de lembrar de repetir o mantra o maior número de vezes possível a cada dia. Enquanto realiza as tarefas domésticas, você repete o mantra. Debaixo do chuveiro, enquanto caminha ou dirige o carro, você diz o mantra. É claro que você deve manter-se alerta ao recitar o mantra enquanto dirige. Se você perceber que praticar o mantra dirigindo o deixa "distraído", pare imediatamente.

  Se você quer tentar esta abordagem, mas também tem curiosidade para saber quantas vezes repete o mantra durante cada sessão de prática, eis um modo fácil de saber. Sente-se com um relógio, verifique a hora e repita o mantra por cinco minutos exatos contando quantas vezes o repete. Você pode usar os dedos das mãos, contas ou qualquer outro objeto de sua preferência. Depois, multiplique o resultado por doze. E terá então o número de repetições do mantra em uma hora.

  Durante o dia, controle o número de horas em que você repete o mantra. A rotina é mais ou menos esta: trinta minutos enquanto dirige o carro, quinze minutos lavando a louça e limpando a pia, dez minutos enquanto toma banho ou se lava, e assim por diante. Adquira um caderninho para anotar o tempo diário que passa repetindo o mantra. No final do número de dias que você designou para a prática, some o número de horas e multiplique o resultado pelo número de mantras que você calculou como sua média por hora. Você tem agora o total de repetições do mantra para todo o período. O número mínimo para esse tipo de disciplina é de 21 dias.
- *Disciplina de quarenta dias.* Quarenta dias é o tempo designado para a prática de mantras de acordo com as escrituras orientais. Como já mencionamos, os sábios já ensinavam esse procedimento antes de Noé ter existido.

Lugar

Além de repetir o mantra o mais freqüentemente possível, você precisa determinar um lugar específico para praticar sua disciplina espiritual duas vezes por dia.

Hora do dia

Faça sua prática nos mesmos horários todos os dias. É recomendável que você a realize pela manhã ao levantar e, à noite, antes de dormir.

Tradicionalmente, as disciplinas espirituais são realizadas no "período em que o dia e a noite se encontram", ou *sandhya* em sânscrito. Esse é o período de duas horas antes do amanhecer e duas horas antes do sol se pôr. Nessas horas, de acordo com as escrituras orientais, uma grande corrente de energia espiritual percorre a Terra. Embora qualquer hora seja apropriada para se praticar mantras, os períodos imediatamente anteriores ao amanhecer e anoitecer são considerados especialmente benéficos.

Terminar a prática

Se você estiver no meio da prática e o telefone tocar, não o atenda. Melhor ainda, antes de iniciar a prática, ligue a secretária eletrônica ou desligue o telefone. Você deve procurar completar suas práticas diárias sem interrupções.

Terço: mala ou rosário

Se você quiser, poderá escolher um rosário ou *mala* para realizar sua prática. Se decidir fazer isso, coloque-o num lugar seguro e use-o apenas para essa prática em particular até completá-la. Como alternativa, certas pessoas gostam de usar o rosário quando não estão praticando o mantra. É também uma boa opção.

O rosário é um antigo instrumento espiritual. Por todo o Extremo Oriente, os rosários são chamados *malas* e formados de 108 contas. Para as disciplinas espirituais, o rosário é usado da mesma maneira em todas as tradições religiosas: primeiramente, para contar o número de repetições do mantra ou da oração. Enquanto os *malas* védicos são constituídos de 108 contas desde milhares de anos antes do nascimento de Jesus, a Igreja Católica adotou o rosário de 54 contas, a metade de um *mala*, mais um apêndice de cinco contas. (Embora essa versão de cinco dezenas seja a mais conhecida, o rosário "completo" consiste de quinze dezenas de contas mais o apêndice ou pingente.) Uma pessoa pode dizer, por exemplo, que completou vinte rosários ou dez malas de uma determinada oração ou mantra. Como todo católico romano praticante poderá confirmar, completar o rosário é uma experiência extremamente intensa.

A última conta do mala é chamada *meru*; ela contém o poder acumulado de todo o mantra praticado. (No rosário católico, o pingente corresponde ao meru.) Quando usamos um rosário, seja ele ocidental ou oriental, não devemos "saltar" a última conta. Ela tem poder. A palavra sânscrita *meru* significa "montanha". Espiritualmente, meru é uma "montanha" de reservas de energia espiritual. Durante a repetição de um mantra, o mala é completado quando o meru é alcançado. Para continuar repetindo o mantra, você começa a contar de trás para a frente a partir do meru. Assim, em longas sessões de mantra, a contagem percorre todo o mala até o meru e retorna. E depois todo o mala novamente e de volta ao começo.

A maioria dos malas continua até hoje contendo 108 contas. O uso do número 108 refere-se aos ensinamentos védicos, de acordo com os quais existem 108 canais astrais principais que vão do coração do corpo sutil para o restante do corpo sutil. Esses canais podem ser comparados a vasos nervosos astrais ou veias de sangue. Repetir um mantra 108 vezes transmite energia para cada um desses canais.

Em geral, são usados malas feitos de diversos tipos de material, entre eles os seguintes:

- *Madeira de sândalo*. É um material usado para diferentes finalidades e que pode ser usado para qualquer prática espiritual.
- *Tulasi* ou *madeira de manjericão*. O manjericão é uma erva amplamente usada na culinária oriental e ocidental. Algumas plantas da família do manjericão crescem a ponto de se tornarem bastante grandes e seus galhos tornarem-se madeira, usada juntamente com areia para a confecção de contas de malas. Os mantras que invocam as energias de Rama ou Krishna, ambos manifestações do deus Vishnu, são intensificados pelo uso deste material. Também as invocações das energias femininas de Lakshmi e Saraswati são intensificadas pelo uso deste material.
- *Madeira sem nome*. No Tibete e outros lugares em que a existência de árvores e vegetação espessa é antes exceção do que regra, os malas

são feitos do material disponível ou importado. Assim, muitos malas produzidos no Tibete e no Nepal são de madeira simples sem nome. Elas servem muito bem para qualquer propósito.

- *Rudraksha*. É uma pequena baga que fica dura e pode ser perfurada e perpassada por um fio. É considerada como capaz de intensificar o poder dos mantras de Shiva (masculino) e Durga (feminino). Ela também pode ser usada para o mantra Gayatri (que será apresentado no Capítulo 13), apesar de nesse caso o *tulasi* e o sândalo serem mais comumente usados.
- *Contas de cristal*. Vários tipos de cristal podem ser usados para a confecção de belos malas, que podem também se tornar receptáculos de poder espiritual. Você pode fazer malas para seu uso próprio e de outras pessoas. São presentes maravilhosos para se dar às pessoas com inclinações espirituais.

Imagens religiosas e pessoais

Certas pessoas gostam de colocar uma imagem ou estátua de um santo, ou outra imagem religiosa que lhes seja cara, junto de seu mantra por escrito ou no lugar em que meditam. Quando realizam uma prática de cura para alguma outra pessoa, certos praticantes gostam de colocar no lugar de meditação uma fotografia da pessoa para a qual estão trabalhando.

Diário espiritual

Recomendo com veemência o hábito de manter um diário espiritual. Você pode ver ou ouvir coisas nas suas meditações às quais gostaria de voltar depois, até mesmo anos depois. Por vários períodos, escrevi no meu diário espiritual e gostaria de tê-lo feito o tempo todo. Esquecemos até mesmo coisas que parecem indeléveis no momento. Ocasionalmente, releio os diários que escrevi há muito tempo e relembro coisas que estavam completamente esquecidas.

Qualquer mantra serve

No sentido exato da palavra, você pode realizar uma prática espiritual com qualquer mantra. Pode ser um único mantra que você repete ao longo de todo um mala, cada dia, durante quarenta dias. Essa é uma disciplina espiritual no sentido clássico. Mas como tudo na vida, quanto maiores o esforço e a concentração que você aplicar, maiores serão os resultados obtidos. É por isso que quase todas as disciplinas são realizadas duas vezes por dia, uma pela manhã e outra à noite.

Para os que quiserem praticar uma disciplina mais intensa, o número de repetições por vez aumenta. Dois malas duas vezes ao dia. Cinco malas duas vezes ao dia. Dez malas duas vezes ao dia. Decida você mesmo quantas vezes será sensato você praticar a cada dia e crie as condições para colocar sua decisão em prática.

Movendo as alavancas, sintonizando as estações

Uma vez iniciada uma disciplina espiritual, seus esforços terão conseqüências. Algumas delas são previsíveis. As tensões podem começar a se desfazer. Ou também podem aumentar temporariamente, como efeito da remoção de energias negativas.

Não é incomum ver-se coisas ou ouvir-se vozes aparentemente sobrenaturais durante a prática do mantra. Não se esqueça de que você colocou-se sob a influência da ação de certas forças espirituais. Algumas dessas experiências são relevantes, outras fortuitas e irrelevantes. O corpo está fazendo duas coisas. A primeira é que ele está assimilando energia espiritual circunstante e processando a energia kundalini através dos chakras. A segunda é que a nova energia que está sendo assimilada faz com que o lixo acumulado seja liberado e expelido de seu mundo energético. Quando os padrões de energia negativa estão sendo liberados, eles provocam ocasionalmente o surgimento de certos pensamentos ou emoções. Quando os padrões de energia negativa deixam seu corpo e sua mente, você pode senti-los momentaneamente partindo. Confie simplesmente que tudo que é realmente importante para você será recordado no final da meditação. Durante a prática, reconheça o que você vê ou ouve, mas não a interrompa.

Talvez você veja uma chama, uma mancha azul ou uma estrela de cinco ou seis pontas. Essas imagens costumam ser vistas no centro da testa. Podem também surgir outros símbolos místicos. Certa vez eu vi muito nitidamente uma forma muito complexa. Eu não sabia o que era até ver a mesma forma — o símbolo sanscrítico de um dos chakras — na capa de um livro.

É possível que surja de repente um obstáculo à sua prática. É provável que, pelo menos uma vez durante a prática, surja algo que impeça o seu prosseguimento. Algum imprevisto, problema ou situação parece ser motivo para você saltar um dia ou parar de vez. Se não for absolutamente impossível, esforce-se para levar a prática até o fim. Faça tudo o que for possível para não saltar nenhum dia.

Muitos mestres espirituais do Oriente chamam isso de teste. Talvez seja, mas eu prefiro ver isso como resultado de uma força enorme que você mobilizou dentro de si mesmo. Existem partes nossas que não querem mudar — que resistem ativamente a qualquer mudança. Essas partes nossas podem exercer sua influência de maneiras muito intensas, particularmente quando uma força contrária é aplicada à sua atividade habitual. O conflito interno subconsciente gerado por uma intensa e sincera disciplina espiritual pode ser espantosamente agudo. Se isso lhe parece estranho, pense em alguém que decidiu parar de fumar ou emagrecer. Essas pessoas podem lhe dizer o que tiveram de fazer para controlar as enormes forças interiores que resistem a qualquer tentativa de mudança.

Quando praticamos um mantra, estamos mudando a natureza de certos padrões energéticos interiores normalmente já cristalizados. Eles se tornaram parte de nossa mente subconsciente. Invariavelmente eles procurarão se afirmar de alguma maneira para garantir sua sobrevivência como são. A prática continuada do mantra lhe acarretará algum tipo de mudança. E, então, o conflito se manifestará de alguma forma.

É importante que você saiba que essas disciplinas foram testadas durante milhares e milhares de anos. Se estiver ao seu alcance, esforce-se para prosseguir com a prática, mesmo quando as circunstâncias parecerem contrárias. Se "as coisas ficarem muito pretas", é melhor parar e tentar de novo em outra ocasião. Mas é melhor continuar praticando seu mantra. Faça isso todos os dias, sem saltar nenhum, se puder. Em geral, a tendência é melhorar e, às vezes, de forma drástica, quando se completa os quarenta dias. O problema específico que o inspirou a assumir a disciplina será positivamente afetado.

Um exemplo de disciplina espiritual

Eis um exemplo de *sadhana*, ou disciplina espiritual no exato sentido da expressão, que pratiquei certa vez.

O mantra Maha-Mrityunjaya é praticado para a obtenção de saúde e longevidade. Muitos anos atrás, fui inspirado a assumir essa disciplina de uma maneira inteiramente clássica, de acordo com os preceitos das tradições védicas. Isso significava que eu tinha de repetir o mantra 125.000 vezes. Eu o apelidei de mantra "trem de carga" devido a sua enorme extensão. Ei-lo aqui:

Om Trayumbakam Yajamahe
Sughandhim Pushti Vardanam
Urvar-ukamiva Bandhanan Mrityor
Muksheeya Mamritat

"Protejei-me, Senhor Shiva de três olhos. Concedei-me as bênçãos da saúde e da imortalidade e arrancai-me das garras da morte, assim como o pepino é arrancado do pepineiro."

Como parte da disciplina, eu teria de oferecer um décimo do total de repetições em forma de oferendas de água em nome de meus ancestrais. Isso ajudaria a mitigar qualquer karma que houvesse entre nós e também os ajudaria em sua jornada espiritual. Um décimo das repetições teria também de ser acompanhado de colheres de manteiga ou óleo refinado em uma fogueira cerimonial, e um décimo das repetições teria de ser feito enquanto eu despejasse as oblações de água sobre a minha própria cabeça.

Levei a cabo essa prática trabalhando com ela um pouco a cada semana, mas demorou sete anos. Durante a última parte da disciplina, descobri que era capaz de escrever um livro em apenas quatro meses, e isso levou-me a um cargo de consultoria de grande importância. Nada disso era o meu objetivo. Eu estava simplesmente respondendo a uma ordem interior de aprofundar minha consciência espiritual de acordo com a tradição védica clássica.

Estou certo de que esses benefícios não esperados resultaram do poder do mantra e de meu compromisso inabalável com o propósito de levá-lo a cabo, por mais tempo que levasse. É bem possível que você se depare com o surgimento na sua vida de acontecimentos positivos e totalmente imprevistos, mesmo que a prática seja em favor de outra pessoa.

4

Mantras Seminais

Existem certos mantras, de uma única sílaba, que são extremamente potentes. Eles são conhecidos como mantras seminais, sem nenhuma conotação específica. Em sânscrito, são conhecidos como mantras *bija* e, na literatura védica, são abundantes os contos e lendas de seres que os praticaram e conquistaram elevados níveis de poder espiritual e material. No Rig Veda, por exemplo, o espírito da terra Kubera tornou-se o rei da prosperidade simplesmente por ter recitado alguns desses poderosos mantras seminais por um longo (sobrenaturalmente longo) período de tempo.

Diferentemente das palavras da fala corriqueira, os mantras *bija* são por si mesmos experiências de energia. Não são símbolos de outros objetos ou experiências do mundo. A palavra "cadeira" denota um objeto de quatro pernas, mas os mantras seminais não representam objetos e nem mesmo sentimentos. São como o perfume de uma flor ou o sabor de uma maçã. Não existem palavras para definir essas experiências. As experiências é que definem as palavras.

Os principais mantras seminais (bija)

Se você tem algum problema específico na sua vida, ou uma meta material ou espiritual que deseja alcançar, escolha um som seminal que pareça representar a energia que você quer ter, mas que está lhe faltando. Trabalhe com esse mantra por um período de dez dias, repetindo-o o máximo de vezes possível. Além de repeti-lo o maior número de vezes possível, você deve também considerar a possibilidade de reservar de cinco a dez minutos duas vezes por dia para recitar o mantra de uma maneira concentrada, como uma prática meditativa. Se você se der bem com a prática, continue por mais trinta dias. Então pare e espere para ver os resultados (se eles já não se revelaram durante a prática).

Shrim

Este som seminal feminino corresponde à energia da abundância em todas as suas formas, de acordo com o que expressa a palavra sanscrítica *Lakshmi*, personificação de uma deusa. Abundância espiritual, saúde, paz interior, riqueza material, amizade, amor dos filhos e familiares: Lakshmi é a fonte de tudo isso e o mantra *Shrim* é um meio poderoso de conquistar qualquer uma dessas formas de riqueza. A repetição do mantra *Shrim* dá a você a capacidade para atrair e conservar a abundância. De acordo com a doutrina védica, se você pronunciar *Shrim* cem vezes, terá sua riqueza multiplicada em cem vezes. Se repetir *Shrim* mil vezes ou um milhão de vezes, o resultado será da magnitude correspondente.

Eim

Este som seminal feminino rege os empreendimentos artísticos e científicos, a música e a aprendizagem. O nome dessa energia é Saraswati, um princípio feminino que num nível mais profundo rege o desenvolvimento e a manifestação do conhecimento espiritual. Ele é útil para se obter boa educação, memória e inteligência, talento musical e êxito dos empreendimentos espirituais. Muitos mestres do Himalaia adotaram Saraswati como parte de seus nomes espirituais.

Klim

Este mantra seminal para a energia da atração não é nem masculino nem feminino. Costuma-se usá-lo em combinação com outros mantras para atrair um objeto desejado. Para atrair riqueza, por exemplo, o mantra da abundância pode ser combinado com o som seminal *Klim* para formar o mantra *Om Shrim Klim Maha Lakshmiyei Namaha*. Aqui, *Klim* foi acrescentado ao mantra regular *Om Shrim Maha Lakshmiyei Namaha*.

O *Klim* também pode ser usado como meditação. Encontre um lugar tranqüilo onde não seja perturbado e comece sua prática meditativa acendendo uma vela ou uma vareta de incenso. Sente-se confortavelmente e direcione suavemente seus pensamentos para o objeto ou situação que você deseja atrair para sua vida. Ou visualize-o como gostaria que isso ocorresse ou se manifestasse em sua vida. Enquanto faz isso, recite suavemente o mantra *Klim*. Recitando-o com essa intenção, você estará aumentando a energia de seu pensamento e atraindo mais energia para si mesmo.

Dum

Este mantra seminal é para invocar a energia da proteção, que também é considerada uma energia feminina. Se o medo é um problema para você, esse mantra invocará a proteção e o ajudará a reduzir o medo.

Para começar, simplesmente recite o mantra seminal *Dum* muitas vezes e toda vez que sentir necessidade de proteção. Você poderá recitá-lo enquanto realiza suas atividades diárias. Se, por alguma razão, a repetição de *Dum* se tornar incômoda, pare por um tempo e recomece mais tarde. Quando estiver completamente à vontade com a repetição do mantra *Dum*, amplie-o para *Om Dum Durgayei Namaha*. Isso significa "Om e saudações àquela que é bela para o buscador da verdade e horrenda para aqueles que injuriam os devotos da verdade".

Krim

Este é o som seminal feminino da deusa hindu Kali, a deusa da criação e da destruição. O poderoso mantra kundalini *Om Krim Kalikayei Namaha*, que significa "Om e saudações para a energia feminina primordial", produz um acúmulo de poder que pode começar perto da base da coluna ou na região genital. Se você usar esse mantra e descobrir que seu humor piora, pare imediatamente.

Lembre-se também do que comentamos sobre *Klim*, que o mantra *Om Klim Kalikayei Namaha* pode ser usado com efeito positivo. Como *Klim* é o som seminal correspondente à atração, ele também pode ser usado para atrair Kali ou qualquer um de seus princípios. De fato, alguns dos mantras apresentados mais adiante incluem *Klim* como um de seus *bijas* ou mantras seminais.

Gum

Este é um som seminal masculino que invoca Ganapathi, uma energia do deus benévolo com cabeça de elefante Ganesha, que remove obstáculos e traz sucessso aos empreendimentos. Para remover obstáculos, repita o mantra seminal *Gum* por alguns dias até ficar à vontade com ele. Então passe para o mantra *Om Gum Ganapatayei Namaha*, que significa "Om e saudações àquele que remove obstáculos do qual Gum é o som seminal".

Glaum

Outro som seminal para invocar Ganapathi, esse para remover os obstáculos que podem existir entre a garganta e a base da coluna. Ele está relacionado a Ganesha, como energia da vontade.

Haum

Este é o som seminal que corresponde à sede da consciência transcendental, uma energia masculina manifesta no deus hindu Shiva, que é a personificação da consciência.

Kshraum

Este som seminal masculino é de Narasimha, uma das manifestações do deus Vishnu. Narasimha tem sido usado e invocado para livrar das situações negativas mais refratárias. Esse som libera suas próprias energias reprimidas. Ao meditar sobre *Kshraum*, visualize o poder oculto tornando-se acessível a você. *Kshraum* é também um som seminal capaz de destruir poderes demoníacos aparentemente indestrutíveis.

Hrim

Este é um mantra seminal para se ver através da ilusão da realidade cotidiana. De acordo com várias tradições, *Hrim* pode ser tanto masculino como feminino. Pode-se encontrar esse mantra seminal nas práticas védicas e budistas tibetanas como parte de mantras mais longos.

A simples recitação espiritual deste mantra seminal feita com devoção e intensidade fará com que o buscador espiritual obtenha clareza com respeito à realidade deste universo. Todas as ilusões serão desfeitas. O nome dessa energia feminina é Mahamaya, que é acessível através de um centro de energia situado logo abaixo do chakra do coração. Essa energia existe dentro de cada um de nós, mas não é parte da realidade. Os esotéricos referem-se a ela como chama tripla. Adeptos de práticas védicas clássicas costumam chamá-la de chama de Narayana, ou "aquela que deu origem a todo esse cosmos".

Essa chama pode manifestar coisas materiais, bem como proporcionar-lhe discernimentos deste plano de existência. Seu combustível é a devoção. Também está escrito nos textos espirituais antigos que essa chama pode colocar você em contato com os planos superiores habitados por seres mais elevados. Se você é um profundo devoto de um determinado mestre espiritual que viveu um dia, ou de uma determinada tradição, essa chama pode de fato manifestar uma semelhança com essa pessoa para você. Você pode usar o som seminal *Hri* ou *Hrim* como parte de outro mantra. Se você medita sobre o mantra *Hrim Shrim Klim Parameshwari Swaha*, a chama acabará revelando uma forma feminina, porque "Parameshwari" é o Feminino Supremo. Mas se visualiza, conforme ensinam os tibetanos, a sílaba *Hri* dentro dela e medita sobre o bodhisattva Manjushri, você acabará vendo uma figura masculina empunhando a espada do discernimento.

Mantras Bija para os chakras

Existem mantras *bija* de gênero neutro para ajudar a ativar cada um dos chakras e prepará-los para lidar com a energia que é processada e usada em seu respectivo centro. Por exemplo, o som seminal *Ram* correspondente ao chakra do plexo solar vai regularizar o funcionamento de todos os órgãos relacionados com a digestão.

Lam

É o som seminal do chakra Muladhara, localizado na base da coluna. Ele é regido pelo elemento terra e tem a qualidade do olfato. Quando um devoto medita sobre o som *Lam*, diz-se que surge uma fragrância mística como indício de progresso espiritual.

Vam

É o som seminal do chakra Swadhisthana, localizado no centro genital. Seu elemento é a água e sua qualidade é o paladar. Ao recitar o bija *Vam*, visualize uma lua crescente sobre a água. A paciência começará a se manifestar, bem como um maior controle sobre o apetite e outros sentidos.

Ram

É o som seminal do chakra Manipura, localizado no plexo solar. É regido pelo elemento fogo e sua qualidade é a forma. Concentre-se no *Ram* e você verá um fogo "amigável" que é parte de você. Quando essa energia é equilibrada, desaparecem os distúrbios estomacais e problemas digestivos.

Yam

É o som seminal do chakra Anahata, situado no centro do coração. O elemento que o rege é o ar e sua qualidade predominante é o tato. Se você concentrar-se no som *Yam*, o som seminal do elemento ar, você poderá ouvir música ou vozes de seres divinos. (Como diz a Bíblia, se você encontrar espíritos, não deixe de testá-los.) A prática deste mantra bija pode ajudar a aliviar muito os sintomas da asma e de outras doenças pulmonares.

Hum

É o som seminal do chakra Vishuddha, situado na região da garganta. Seu elemento é o éter e sua qualidade o som. Quando você se concentra no *Hum*, os problemas de garganta são curados e fica fácil aprender outras línguas.

Om

É o som seminal correspondente ao chakra Ajna, localizado no centro da terceira visão. Como vimos no Capítulo 2, as energias masculina e feminina encontram-se no centro da terceira visão. Portanto, este som seminal contém o Princípio da Unidade. Este mantra seminal está relacionado a uma qualidade de inteligência cósmica. Pela prática do *Om*, eliminam-se as preocupações e a mente fica serena.

Cada mantra seminal tem um poder único que você mesmo terá de descobrir. Os modos como eles podem funcionar e manifestar-se para você são muito diferentes dos modos como funcionam para outros praticantes; isso é de se esperar em função das muitas e profundas diferenças kármicas e pessoais. Seja receptivo a quaisquer imagens ou resultados que o mantra lhe proporcionar. Quaisquer mudanças que ocorram em sua vida podem conter o germe para a solução do problema ou o motivo pelo qual você decidiu praticar o mantra.

5

Mantras para Atrair o Amor

O Prêmio Nobel de Física Richard P. Feynman fez certa vez uma observação que acreditava ser aplicável a todas as escalas da realidade material. Feynman disse que toda matéria é naturalmente atraída por outra matéria, mas só até um certo ponto. Quando dois objetos estão suficientemente próximos, por alguma razão a energia da atração transforma-se em resistência a uma aproximação maior. A atração magnética vira repulsão. A força da gravidade torna-se antigravitacional.

Que grande mistério, mas também que grande verdade! Você não precisa ser um físico quântico como Feynman para reconhecer esse paradoxo, pois provavelmente já o viu em ação em suas relações com outras pessoas. Mesmo desejando a intimidade, queremos preservar nossa autonomia. Uma vez alcançada a verdadeira intimidade, o desejo de distanciamento costuma impor-se, levando-nos a prejudicar ou até mesmo destruir nossos relacionamentos.

Platão, no seu diálogo sobre o amor conhecido como *O Banquete*, usa a metáfora do ovo para descrever as contradições aparentemente insolúveis que se manifestam nas relações humanas. Talvez os dois sexos tenham sido originalmente uma entidade harmônica, teoriza um personagem de *O Banquete*, exatamente como um ovo é um objeto único de forma elegante. Mas uma vez quebrado, o ovo não pode voltar a ser uma coisa só. Porém, nós desejamos reunir as energias masculina e feminina num único ser; toda mulher ou todo homem sente necessidade da outra parte e espera manter uma relação duradoura com ela.

Como sou muito mais otimista do que Platão e Feynman, eu diria que existe esperança para cada um de nós que procura um amor duradouro. E o mantra pode ser um meio poderoso para a realização desse anseio. Mas, como com todas as outras aplicações do mantra, realizar o desejo depende da qualidade da intenção e, quando a questão é encontrar uma relação satisfatória com outra pessoa, é da maior importância que se comece com um entendimento claro de onde se quer chegar.

O parceiro ideal

Quando iniciamos a busca por um parceiro, cada um de nós age de acordo com um determinado conjunto de critérios, uma espécie de plano ou lista de qualidades que deseja em um parceiro. Aqui no mundo ocidental, por exemplo, as mulheres em geral colocariam na lista o desejo de ter um homem que fosse trabalhador, bom companheiro e, talvez, capaz de proteger a elas e aos filhos. As mulheres também desejam um homem que consiga "excitá-las" (embora esse critério certamente possa ser satisfeito por uma grande série de atributos). Se uma mulher considera que sua espiritualidade é um aspecto importante na sua vida, ela pode acrescentar que está à procura de um homem com quem tenha afinidades espirituais.

Os homens, devo reconhecer, provavelmente colocariam no topo de sua lista o desejo de ter uma mulher fisicamente atraente. Depois, colocariam o desejo de ter alguém que pudesse "lhes fazer companhia", embora, francamente, eu ache que muitos homens têm apenas uma vaga idéia do que isso significaria no dia-a-dia. Muitos executivos e empresários continuam à procura de uma mulher que os apóie e ajude em suas carreiras e podem restringir sua busca a alguém que seja capaz de entreter e, é claro, que seja "apresentável", embora existam homens que não se importam se a esposa tem uma carreira dinâmica e competitiva. Por último, eles podem querer ter uma parceira que seja "boa mãe". Um homem com inclinações espirituais poderia acrescentar em sua lista de itens importantes qualidades como "boa conduta", "valores éticos" e "moralidade".

Mas será que essas qualidades são indícios confiáveis de uma boa parceria? Em comparação com os ensinamentos védicos, grande parte do que constitui a idéia ocidental de relação está baseada em atributos superficiais. Os textos sagrados da Índia nos mostram uma maneira muito diferente de valorizar um ao outro e que tem mais probabilidade de proporcionar uma felicidade duradoura.

O poder é um princípio feminino

Nas escrituras sagradas da Índia, a consciência é descrita como um atributo masculino, e o poder um atributo feminino. Enquanto o feminino e o masculino não se unem, o universo existe apenas como potencial. É da dança de Shiva, a energia masculina, movida pela energia feminina de Shakti que o universo é criado.

O fogo, com seu poder de queimar, é muito usado no Oriente como uma metáfora para representar a dualidade do masculino e do feminino. A idéia do fogo é considerada masculina, mas o poder de provocar verdadeiras labaredas é feminino. Sem o poder feminino, o fogo é uma mera idéia abstrata sem existência palpável.

A idéia do poder como um atributo feminino é incomum para nós no Ocidente, onde a maioria de nossas imagens de poder é relacionada com o masculino. No entanto, as escrituras orientais descrevem muito claramente Shakti como uma energia feminina dinâmica e Shiva como uma consciência masculina adormecida que tem de ser despertada. A criação de toda a matéria e de todos os seres ocorre porque a energia masculina foi despertada pela feminina. Conforme declara um texto védico: "Só quando Shiva se une a Shakti é que ele tem o poder de criar." Apenas com o poder feminino a idéia masculina do "fogo" produz calor e luz.

A prática de mantras pode ajudar a despertar e equilibrar essas energias masculina e feminina e ajudar o interessado a atrair o parceiro certo. Ela ressalta as qualidades positivas das energias tanto masculina quanto feminina e as redireciona quando estão desviadas. Quando praticado por um dos parceiros, o mantra cura e nutre os espíritos de ambos. Quando praticado com o propósito de encontrar ou iniciar uma relação, ele aumenta o poder de atração da pessoa, exatamente da mesma maneira que a carga elétrica pode transformar qualquer pedaço de metal num ímã.

No Ocidente, o mais conhecido tratado hindu sobre sexo é o *Kama Sutra*. Em sânscrito, *kama* significa "desejo". O *Kama Sutra* é apenas uma parte do corpo de conhecimentos e sabedoria sobre o sexo, a sexualidade sagrada e a espiritualidade prazerosa da condição humana. Outra parte da sabedoria hindu sobre a sexualidade é chamada Tantra. Especialmente a energia sexual feminina foi descrita nos textos tântricos como a origem da atração entre os dois sexos. Assim como "uma vela pode acender outra", a energia despertada da mulher foi invocada para despertar e acender a energia do homem.

Segundo a crença tântrica, o fato de a energia feminina não poder ser roubada ou extraída contra a vontade da mulher constitui uma verdade indiscutível. Essa é uma afirmação controvertida, uma vez que os homens têm uma longa história de exercício de sua força sobre as mulheres. Mas é verdade que o poder da mulher é uma bênção que ela concede a um homem se e quando ela decide.

Uma escritura conhecida como *Kularnava Tantra* fala da necessidade de incluir na prática da sexualidade consciência e intenção.

Se pelo mero ato de tomar vinho os homens chegassem à realização, todos os viciados em álcool alcançariam a perfeição.

Se o mero ato de compartilhar a carne dignificasse as pessoas, todos os carnívoros do mundo mereceriam grande mérito.

Se a libertação fosse algo assegurado pelo intercurso sexual com uma shakti, todas as criaturas seriam liberadas pela companhia feminina.

— *Kularnava Tantra*
(tradução para o inglês de Mike Magee)

O poder do feminino é evidente em todo o mundo natural.

Certa vez, assisti a um documentário que é um exemplo marcante do poder feminino em ação. Um leão macho estava subindo em direção à toca de filhotes de outro macho. Ele pretendia matar os filhotes, como os machos dessa espécie fazem às vezes para promover sua própria linhagem genética. Subitamente, a mãe dos filhotes saiu da toca, impedindo o avanço do macho. Ele hesitou, ergueu uma pata, como se estivesse considerando o que fazer. Enquanto isso, a leoa abaixou a cabeça até sua coluna ficar totalmente reta. Então, olhou nos olhos do intruso e mostrou-lhe os dentes.

O leão excedia claramente o peso dela em 40 ou 45 quilos; normalmente, essa seria uma situação de combate inevitável. Mas, quando a leoa abaixou a cabeça, um canal direto de pura energia percorreu-a da base da coluna até os olhos. O macho deu uma olhada naqueles olhos, virou-se e bateu em retirada. A energia dela simplesmente o subjugou.

Como recurso para proteger seus filhotes, a natureza dotou a fêmea de toda espécie de um pronto acesso a um poder que é muito menos acessível aos machos. Nas mulheres, essa energia está despertada e ativa. O que não acontece com a maioria dos homens.

Mas o que isso significa para os ocidentais, para quem a força e a ação são identificadas como atributos masculinos? O que as mulheres têm de procurar num parceiro se quiserem ser realmente felizes? O que os homens devem valorizar numa parceira? Como podemos encontrar uma verdadeira parceria espiritual? Neste capítulo, vamos nos referir ao poder como um princípio feminino e vamos investigar como as pessoas de ambos os sexos podem se ajudar a encontrar os parceiros certos.

A condição sexual

No Ocidente, a idéia de uma mulher ser poderosa é freqüentemente marcada por ressentimentos e medos. A Bíblia é uma das fontes mais importantes da nossa tradição patriarcal e está repleta de retratos de mulheres — desde Eva, que supostamente é a responsável pela expulsão da humanidade do Paraíso, até Dalila, que traiu Sansão — que são descritas como inegavelmente fortes, porém ameaçadoras e destrutivas. A mitologia greco-romana também apresenta um grande elenco de mulheres encrenqueiras, tanto humanas quanto divinas. O desencadeamento da Guerra de Tróia é atribuído a ataques de ciúmes das deusas Atena e Hera contra Afrodite, a deusa da beleza.

As representações das mulheres feitas pelos ocidentais, na minha opinião, corroeram as bases para a existência de relações sólidas, satisfatórias e de respeito mútuo. Embora tanto a Bíblia como as mitologias clássicas também apresentem muitas figuras femininas positivas e heróicas, essas mulheres não são vistas como capazes de fortalecer os homens como as da tradição védica. De acordo com os Vedas, o verdadeiro poder feminino não é a capacidade de manipular ou seduzir. O poder feminino mais doa do que toma. Ele confere e não rouba energia. Uma mulher forte deseja ter uma relação de troca e compromisso com um parceiro que seja capaz de receber sua energia de uma forma positiva. Mas encontrar esse parceiro pode ser difícil. E os homens, também, têm dificuldade para encontrar a parceira certa.

Por isso, não é de surpreender que uma das perguntas que mais ouço é como encontrar a parceria certa, mais compatível ou perfeita. Sou também freqüentemente indagado sobre como as pessoas que desejam integrar sua prática espiritual a todos os aspectos de sua vida podem encontrar parceiros que sejam espiritualmente compatíveis. Depois de ter trabalhado durante mais de vinte anos com homens e mulheres à procura de parceiros, em particular de parceiros espirituais, constatei que existem mais mulheres interessadas em se desenvolver espiritualmente do que homens. Entretanto, a prática de mantras pode ajudar qualquer mulher ou homem a encontrar um amor duradouro.

Quando uma mulher procura um homem

Da perspectiva védica, as mulheres contemporâneas têm de formular a seguinte pergunta: "Onde posso encontrar um homem que valorize e respeite o meu poder, que use a minha energia de maneira honesta e não egoisticamente, sem raiva ou ressentimento?"

Proponho aqui um mantra eficaz para fortalecer a mulher que deseja encontrar esse homem:

Sat Patim Dehi Parameshwara

"Por favor, conceda-me um homem de verdade que encarne os perfeitos atributos masculinos."

Intenção: saber o que se quer realmente

Certa vez conheci uma mulher chamada Carol que se sentia infeliz com a falta de uma relação satisfatória em sua vida. Quando conversamos sobre que tipo de homem Carol estava procurando, ela repetiu a mesma palavra muitas e muitas vezes. Ela queria encontrar um homem "espiritualizado". Embora ela tivesse dificuldade para descrever o que essa palavra significava exatamente para ela, pareceu-me na época ser uma aspiração legítima e sincera.

Ensinei a ela o mantra *Sat Patim Dehi Parameshwara* e ela recitou-o durante duas semanas.

No término desse período, ela contou-me que havia conhecido três homens.

Pareceu-me um grande progresso. — Ótimo! — exclamei.

— Que nada —, Carol respondeu. — Todos uns panacas.

Panaca? Pareceu-me uma forma estranha de uma pessoa espiritualizada caracterizar outro ser humano, mas eu não disse nada. Em vez disso, observei que duas semanas provavelmente não era tempo suficiente para obter o resultado que ela estava querendo. Por mais estranho que pareça, quase na mesma época foi-me apresentada outra jovem mulher, Didi, que estava com o mesmo problema. Também ela queria encontrar um homem que fosse "evoluído espiritualmente". Mas, quando lhe ensinei o mantra, ela retornou em breve com a mesma notícia decepcionante. Ela havia conhecido dois homens. Um deles, segundo ela, também e estranhamente, era um panaca e o outro "bem legal", mas não era realmente o seu tipo.

Sugeri tanto a Carol quanto a Didi que continuassem praticando o mantra de uma forma extremamente disciplinada durante o período tradicionamente recomendado de quarenta dias. Entretanto, nenhuma delas estava preparada para fazer isso e esse fato me deixou intrigado. A criação de uma relação gratificante não era suficientemente importante para merecer um pouco mais de um mês de concentração num mantra? Finalmente, concluí que nenhuma delas, no fundo, queria realmente encontrar alguém — e passados cinco anos, nenhuma das duas encontrou.

Compreendi também que essa experiência era uma lição para mim: eu deveria ter percebido que as descrições vagas de Carol e Didi do tipo de homem que queriam encontrar eram indícios de que elas não sabiam o que queriam realmente. Como elas mesmas não tinham claras as suas intenções, o mantra só podia atrair opções insatisfatórias para elas.

Isso me fez lembrar de uma citação de Abraham Joshua Heschel: "Quando eu era jovem, admirava as pessoas inteligentes. Agora que sou velho, admiro as pessoas amáveis." E, no mesmo instante, as palavras de Jimmy Stewart no papel de Elwood P. Dowd, em *Harvey*, ecoaram em minha mente: "Existem dois modos de se dar bem na vida: ser esperto ou ser gentil. Eu prefiro ser gentil." Hoje eu acho perfeitamente possível ser os dois, mas se eu tivesse de escolher um, escolheria ser gentil.

Mas o que Carol escolheria? Ou Didi? Será que elas prefeririam a "esperteza" à "amabilidade"? Será que estavam realmente dispostas a se adaptar e acomodar seus planos à troca diária e ao compromisso de uma relação? O mantra havia respondido ao desejo expresso por elas atraindo a energia de vários homens, mas ou suas expectativas ou suas indecisões podem tê-las impedido de ver as possibilidades de uma verdadeira relação.

Outra mulher, Linda, com quem trabalhei, não precisou de minha ajuda para definir o que queria; pelo que ela disse, era uma relação baseada no respeito e afeto mútuos. Aos cinqüenta e poucos anos, ela não havia tido uma relação de compromisso mútuo por mais de cinco anos, embora naquele momento se considerasse preparada para isso. Mas ela não sabia como mobilizar forças para que isso acontecesse. Ela não tinha nenhum interesse em freqüentar bares de solteiros nem em procurar o Homem Certo na academia de ginástica.

Por sugestão minha, passamos cerca de dez minutos meditando juntos e recitando vários mantras, inclusive o descrito acima. Eu ensinei a ela o mantra e pedi-lhe que continuasse a se concentrar nessa meta enquanto praticasse sozinha o mantra. Trinta dias depois, quando voltei a encontrá-la, ela estava radiante. Estava encontrando alguém e vivendo os momentos felizes do início de uma relação promissora. Hoje, Linda está com esse homem há oito meses e tudo vai bem.

O que é a pressa?

Apesar de ser possível encontrar um homem ou uma mulher com quem sentimos que temos uma intimidade instantânea, muito raramente isso acontece e, menos ainda, quando se está procurando alguém com qualidades espirituais, que são comumente características interiores secretas. A verdade é que a verdadeira intimidade leva tempo para ser estabelecida. É por isso que é tão importante o período de namoro, no qual se pode conhecer realmente a outra pessoa. Pelo conhecimento mútuo numa ampla variedade de situações, um tem a oportunidade de descobrir as verdadeiras qualidades do outro.

O *I Ching* (o livro chinês dos oráculos) diz que o caminho que leva à felicidade e ao progresso espiritual começa com uma honestidade incondicional consigo mesmo em todos os sentidos. A honestidade é a base da verdadeira intimidade. Quando sentimos intimidade, na verdade estamos sentindo a proximidade que a honestidade proporciona. Em qualquer relacionamento, cada um tem de decidir até que ponto quer ser íntimo. Somos capazes de suportar a intensidade da verdade com outra pessoa? Ficaremos insatisfeitos sem ela?

Eis um mantra que costumo usar quando quero esvaziar a minha mente para poder considerar essas questões — ou quaisquer outras — com uma atitude livre e serena.

Hung Vajra Peh

"Pela força de vontade, pela palavra expressa,
eu invoco a trovoada da minha mente."

Este mantra tibetano é capaz de remover a negatividade de qualquer espaço, seja ela física, mental ou emocional. Ele é muito importante para abrir espaço para que você considere as difíceis questões relativas à intimidade e à verdadeira intenção.

Quando um homem procura uma mulher

Muitos homens têm o mesmo tipo de problema para encontrar a relação certa. Um jovem chamado Howard continuava sofrendo por uma relação que acabara totalmente havia alguns meses. Quando o conheci, ele trabalhava como segurança de uma agência bancária. Howard havia feito um curso de artes marciais e desenvolvido uma prática e uma perspectiva espirituais que em geral eram muito semelhantes às minhas. Senti uma afinidade espiritual com ele. O trabalho no banco era uma maneira de passar o tempo enquanto ele se recuperava da perda da mulher que ele amava muito e decidia o que fazer durante o resto de sua vida. Estava também tentando decidir que tipo de relação ele queria. Mencionei o meu trabalho com os mantras e ele prontamente perguntou se existia um mantra que pudesse ajudá-lo.

Como Howard estava sofrendo a perda da energia feminina na sua vida, propus a ele o seguinte mantra poderoso que representa a energia feminina ou Shakti do universo:

Om Shrim Shriyei Namaha

"Om e saudações para a abundância criativa que é a verdadeira forma deste universo."

Howard aprendeu o mantra ali mesmo na frente do banco e começou a recitá-lo imediatamente. Quando, num outro dia daquela mesma semana, eu passei pelo banco, ele me disse que o havia recitado durante meia hora no primeiro dia, duas horas no dia seguinte e o tempo todo ao longo daquele dia. Ele disse que aquilo lhe causava uma certa estranheza, mas que estava gostando.

Passou-se mais uma semana até eu voltar novamente ao banco e, dessa vez, Howard descreveu um incidente interessante. Ele havia falado pelo telefone com uma mulher que era sua conhecida mas não amiga. Quando ele ia se despedir, para sua surpresa, ela perguntou se não poderiam continuar conversando um pouco mais. A mulher percebeu que ele havia ficado surpreso, mas disse que ele parecia ser diferente de alguma maneira e que estava gostando de conversar com ele.

Howard tinha certeza de que isso era resultado do mantra e eu concordei. Ele estava confiante em que o mantra ia ajudá-lo a abrir novas oportunidades em sua vida. Sua energia feminina interior já havia aumentado e, com isso, ele havia sentido uma forte afinidade com mulheres que anteriormente não despertavam nada nele.

O mantra que ensinei a Howard quase sempre leva o homem a atrair uma mulher que seja compatível com ele.

O seguinte é outro mantra poderoso e também extremamente eficaz para ajudar o homem a encontrar uma mulher:

Narayani Patim Dehi Shrim
Klim Parameshwari

"Ó, poder da verdade, por favor, permita-me atrair uma mulher que seja portadora da suprema energia feminina que manifesta a abundância e a criatividade."

Esse mantra, que usa os sons seminais da atração e da abundância, suplica ao poder da chama de Hrit Padma (Narayana) que conceda uma mulher que seja portadora dos supremos atributos femininos, inclusive a abundância.

Mantras para harmonizar uma relação

Harmonizar uma relação por meio de um mantra começa com a decisão de ambas as partes de se tratar com respeito mútuo e assumir um com o outro o compromisso de empenhar-se para resolver as diferenças. As chances de sucesso caem consideravelmente se apenas um dos parceiros dedica-se a esse esforço. Se você se empenha sinceramente na relação, mas seu parceiro adota uma atitude do tipo "deixe como está para ver como fica", é pouco provável que você consiga resolver as diferenças. Nesse caso, é provável que ele esteja destinado a ir embora num futuro próximo — ou simplesmente continuar com o comportamento que está contribuindo para a existência do problema.

Para começar, o casal deve sentar-se para conversar e comprometer-se um com o outro a procurar honestamente melhorar o relacionamento. Em seguida, cada um deve fazer sua prática de mantras separadamente durante dez minutos por dia. Em geral, cada parte terá suas próprias percepções e pequenas mudanças enquanto pratica a disciplina. A meditação individual facilita o surgimento dessas percepções. E cada um deve reservar o tempo diário que for necessário para recitar 108 vezes cada mantra durante quarenta dias. A prática leva normalmente dez minutos por dia. A prática deve ser realizada, no mínimo, por um período de três semanas.

Dois mantras são indicados aqui, um em reverência à energia feminina e outro à energia masculina no interior de cada um. A prática desses mantras ajuda a equilibrar essas energias internas de ambos, permitindo que o casal se harmonize.

Em reverência à energia feminina:

Hrim Shrim Klin Parameshwari Swaha

"Saudações ao Feminino Supremo. Que esse princípio da abundância que oculta a natureza da realidade suprema seja atraído para mim."

Este mantra contém um grande poder feminino numa fórmula extremamente simples. Recitando-o como parte de um compromisso com a relação, cada participante vai purificar sua energia feminina e começar a dispor de nova energia. É significativo que em certas ramificações do *Shaivismo*, uma seita hinduísta que valoriza a consciência masculina, esse mantra voltado para o feminino seja recitado como a principal disciplina espiritual. Alguns desses mantras foram apresentados no Capítulo 4, mas vale a pena repeti-los aqui:

Hrim é o mantra seminal para dissolver as ilusões da realidade que percebemos. Ele nos ajuda a ver o mundo "como ele realmente é". *Shrim* é o mantra seminal que corresponde ao princípio da abundância em todas as suas formas. Estamos, portanto, pedindo uma abundância de energia positiva na relação, expressa em pensamentos, sentimentos e ações. *Klim* é o mantra seminal para a atração. Aqui, estamos pedindo que ele atraia o que for necessário para harmonizar a relação. *Parameshwari*, o Feminino Supremo, é invocado quando queremos que a abundante energia espiritual feminina do universo abençoe nossos esforços para conseguir sucesso. *Swaha* significa "eu ofereço" ou "saudações". Reconhecendo o grande poder da energia feminina e agradecendo humildemente, estamos santificando o uso desse poder para nossos propósitos e boas intenções.

Para reverenciar o princípio masculino

O mantra Siddha abaixo ajudará a purificar o aspecto masculino de ambas as partes. Diz-se que quem pratica este mantra como disciplina espiritual por muitos anos acaba acumulando conhecimentos e obtendo a mais profunda clareza espiritual.

Om Nama Shivaya

"Om e saudações. Que os elementos deste universo habitem em mim em plena manifestação."

Para resolver os desentendimentos numa relação

Mesmo nas melhores relações, é comum a ocorrência de muitos desentendimentos. Para resolvê-los, você pode praticar mantras que o ajudem a ter clareza mental em meio a conflitos emocionais e mentais. Dois mantras que invocam as divindades hindus Subramanya e Ganesha são particularmente eficazes para isso.

Como focalizar a mente

Subramanya é com freqüência referido como o deus da guerra no panteão védico. Historicamente, o conceito de Subramanya deriva do estado mental aguçado que é necessário para o êxito numa batalha. Mas Subramanya tem ainda muitas outras aplicações. Para nos livrar da confusão, a mente tem de ser forte, focalizada e cercada de boas intenções. O seguinte mantra, considerado um amuleto de boa sorte por alguns de seus usuários, invoca Subramanya por outro nome. Pela repetição do mantra, a pessoa começa a focalizar seu subconsciente nos aspectos positivos e remover os entulhos emocionais que a impedem de funcionar com mais eficácia. Quando as questões irrelevantes são removidas, ela consegue enxergar o problema central do desentendimento com o parceiro. E pode voltar a reconhecer as qualidades positivas do parceiro, bem como os seus próprios pontos fortes. Com boa vontade e um desejo claro de fazer a relação funcionar, a pessoa pode criar coragem para resolver os desentendimentos.

Om Sharavana Bhavaya Namaha

O termo *Sharavana Bhavaya* pode significar literalmente "O nascido no capinzal de forma sagitada" como foi o caso de Subramanya. Mas o verdadeiro significado do mantra é "*Saudações ao filho de Shiva, que traz bom augúrio e que comanda o exército celestial*".

Resolução dos conflitos interiores

Entre as divindades védicas masculinas e femininas, o deus com cabeça de elefante Ganesha é renomado como aquele que remove obstáculos. O mantra a Ganesha, abaixo, pode ajudar a resolver os conflitos interiores que estão sendo projetados para as situações externas. Por ajudar a discernir o estado mental que está causando desarmonia na relação do casal (ou entre amigos ou colegas), Ganesha cria ordem no mundo exterior. Os efeitos palpáveis muitas vezes aparecem como se os obstáculos desaparecessem repentinamente, como num passe de mágica.

Ganesha é também conhecido como Ganapathi. *Gana* significa "poder" em sânscrito, e *pathi* "consorte". Portanto, num determinado contexto, a tradução literal do nome é "consorte do poder".

Gana pode também significar "grupo" em outro contexto. E *Ganapathi* torna-se então "consorte do grupo". O poder deste mantra atua sempre que as pessoas se reúnem para formar um grupo. Existe aqui uma correlação com as palavras de Cristo quando ele disse: "Toda vez que duas ou três pessoas se reunirem em meu nome, eu estarei entre elas." Eis o mantra:

Om Gum Ganapatayei Namaha

"Om e saudações àquele que remove obstáculos do qual Gum é o som seminal."

O casal pode usar um ou ambos desses mantras para obter clareza mental, evitar e superar os desentendimentos e fazer a relação voltar aos trilhos.

Como espiritualizar a relação

Dar um sentido de espiritualidade à relação pode ser fácil se existe amor e respeito mútuos e se ambos querem que a relação continue se desenvolvendo. Essas qualidades e intenções são os pré-requisitos de uma relação espiritualmente satisfatória.

Para intensificar os sentimentos de intimidade e comunhão, o casal deve meditar junto, de dez a quinze minutos por dia. Existe uma antiga máxima que diz que, quando as pessoas meditam juntas, quer sejam duas ou duzentas, suas energias começam automaticamente a se harmonizar e aumentar. Depois de apenas duas ou três semanas dessa atividade em conjunto, os resultados já devem começar a se manifestar. O casal sente que começa a existir mais paz ou uma energia dinâmica na relação. Pode acontecer de ambos ficarem tão sintonizados que um consegue captar os pensamentos do outro durante a meditação. No decorrer do dia, um pode começar a concluir as frases iniciadas pelo outro de uma maneira afetuosa, além de sentir os pensamentos e humores do outro.

Se uma das partes estiver guardando algum sentimento de hostilidade para com a outra, a meditação em conjunto rapidamente o trará à superfície. E todas as mágoas, ressentimentos, queixas ou outras negatividades do passado devem ser revelados abertamente e tratados com afeto e seriedade. Em certos casos, pode ser necessário uma ajuda profissional ou uma terapia. Em todos os anos de prática, eu presenciei casos de casais que começaram a meditar juntos e em trinta dias descobriram vários problemas que exigiam atenção. Isso é bom. Todos nós necessitamos de vez em quando de aconselhamento, mesmo que seja apenas falar com um amigo sobre os problemas.

Invocações masculinas e femininas

De acordo com a tradição védica, toda criação, das galáxias mais remotas às partículas subatômicas, é permeada pela dualidade das energias masculina e feminina. Independentemente do sexo da pessoa, essas mesmas energias masculina e feminina estão presentes nela como ser humano. Para se realizar plenamente como pessoa, ela precisa reconhecer a existência dual dessas energias, aceitá-las e desenvolvê-las interiormente. Tanto sua realização quanto sua liberdade dependem disso.

Para intensificar sua energia feminina e seu poder concomitante, a pureza e a autoridade como força criadora, geradora da vida e protetora da prole, escolha um dos seguintes mantras para recitar.

Hrim Shrim Klim Parameshwari Swaha

"Saudações ao Feminino Supremo.
Que esse princípio da abundância,
que esconde a natureza
da realidade última, seja atraído para mim."

Om Dum Durgayei Namaha

"Om e saudações para aquela cuja aparição é bela ao buscador da verdade e horrenda para aqueles que injuriam os devotos da verdade."

Om Tare Tuttare Ture Swaha

"Om e saudações. Que a Mãe de Todos me guarde,
me proteja e satisfaça minhas necessidades."

Om Mata, Om Mata__________, Mata Jagadamba

"Om Mãe, Om Mãe. Saudações a [coloque a sua representante preferida do princípio feminino, por exemplo, Mãe Maria, Ísis, Afrodite, Saraswati] que é a mãe do mundo."

Para intensificar sua energia masculina e sua concomitante consciência focalizada, escolha um dos seguintes mantras para recitar.

Om Nama Shivaya

"Om e saudações. Que os elementos deste universo se manifestem plenamente em mim."

Om Namo Bhagavate Vasudevaya

"Om é o nome do Habitante que mora dentro de mim e que está sempre em comunhão com toda a criação. Seja amável e revele-me a sua verdade."

Om Ram Ramaya Swaha

"Om e saudações para a perfeição do mundo físico que era Rama, cujos atributos existem também em mim. Tenha a bondade de se manifestar."

Se nenhum dos mantras propostos acima lhe parecer apropriado, procure no Capítulo 13, sobre o mantra Gayatri, o mantra universal sobre a luz espiritual que não pertence a nenhuma seita religiosa, e siga as instruções para praticá-lo.

Minha mulher, Margalo, e eu sabemos que estamos juntos não apenas para crescermos espiritualmente, aprendendo um com o outro através da nossa jornada pela vida, mas também para um propósito mais elevado, que nós interpretamos como servir à humanidade através do nosso trabalho e de nossas relações com os outros. Não importa que obstáculo ou desentendimento ocasionalmente se apresente na nossa vida em comum, nós o vemos como uma nuvem passageira que encobre o Sol. Sabemos que é uma mera ilusão. Reconhecemos as grandes qualidades um do outro, como também alguns defeitos, sabendo que enquanto vivermos no nosso corpo, a convivência nos colocará desafios para enfrentarmos. Entretanto, enfrentamos esses desafios juntos, um *com* o outro, em parte devido ao compromisso que assumimos um com o outro e, em parte, porque sabemos como buscar ajuda nos mantras.

De minha parte, sempre que enfrentamos alguma disputa ou desavença, eu reservo algum tempo para meditar sobre o conflito tão logo quanto possível. Meu objetivo é identificar o problema mental ou emocional indevido que coloquei em disputa. Minhas meditações revelam invariavelmente um padrão de reação doentio incrustado ou uma falsa suposição. Se o problema interior que descubro é grave, eu inicio uma prática de quarenta dias de recitação de um mantra, com a intenção de transformar o problema. Com o passar dos anos, eu obtive resultados muito positivos dessa prática. Um dos resultados que observei é que, quando me livro das distorções interiores, a shakti manifesta de Margalo, parte da qual está sempre comigo, sofre uma mudança positiva para ajudar a fortalecer esse novo estado energético.

Por sua vez, Margalo trabalha quase todos os dias com os doze mantras do Sol e com exercícios respiratórios científicos (pranayama) para resolver os problemas que ela acha que precisam de atenção.

Nós realizamos juntos as antigas cerimônias sanscríticas da água e do fogo para remover quaisquer resíduos de energia negativa. Essa prática tem nos ajudado muito em todos esses anos.

6

Mantras para Transformar os Karmas Físico e Planetário

Muitas figuras públicas, inclusive alguns presidentes dos Estados Unidos e sua esposa, procuram de vez em quando ajuda de astrólogos. Nancy Reagan procurava assegurar que importantes decisões políticas fossem tomadas em períodos astrológicos favoráveis. Jefferson e Madison tinham o hábito de verificar a posição dos planetas em favor tanto de interesses próprios quanto da nação. De maneira parecida, e comumente sem o conhecimento de seus acionistas, muitas grandes empresas incluem astrólogos em suas folhas de pagamento, normalmente sob a designação genérica de "consultores financeiros". Astrólogos de cidades e capitais de todos os tamanhos analisam a posição dos planetas para verificar seus efeitos favoráveis, desafiadores ou totalmente adversos sobre qualquer empreendimento ou iniciativa imaginável.

Na Índia, a astrologia faz parte dos processos decisórios desde a antigüidade. As datas dos casamentos são fixadas de acordo com os alinhamentos planetários favoráveis à união das duas almas. São feitos mapas astrais de transações comerciais para garantir que não sejam difíceis ou mesmo desastrosas. A data para a possível compra de uma casa nova é examinada escrupulosamente da perspectiva astrológica. Os melhores alinhamentos e correlações dos planetas são exaustivamente investigados e, então, seguidos.

Contudo, apenas os mantras sanscríticos oferecem técnicas para se neutralizar as tendências indicadas pelo mapa astral pessoal. Os sacerdotes brâmanes da antigüidade entoavam longas séries de mantras para cada um dos planetas e realizavam complicadas cerimônias em sânscrito designadas a neutralizar os alinhamentos desfavoráveis encontrados nos mapas astrais dos devotos. É óbvio que os sacerdotes eram pagos para realizar essas cerimônias, de maneira que aqueles que não podiam pagar não recebiam nenhuma ajuda. Mas hoje o poder dos mantras não é mais controlado nem regulado por nenhuma classe de sacerdotes.

Neste capítulo, você vai encontrar meios para abrandar muitos alinhamentos difíceis que os astrólogos disseram existir no mapa astral do dia de seu nascimento ou em seus desdobramentos. Pela recitação desses mantras, você terá o poder de mudar seu karma, particularmente o karma que se manifesta em seu corpo como doença.

Revisão: tipos de karma

Conforme vimos no Capítulo 2, existem quatro tipos de karma:

1. **O Karma Sanchita** é a soma total de todas as ações acumuladas no passado ao longo de todas as vidas anteriores.
2. **O Karma Prarabdha** é a parcela do karma Sanchita que resultou na presente encarnação. Sendo assim, é o tipo de karma com o qual a maioria de nós se ocupa no dia-a-dia. Incluída nesse tipo de karma está a posição dos planetas no momento em que nascemos. É nesse tipo de karma que a astrologia se baseia.

   O karma Prarabdha é o único tipo de karma que não pode ser alterado diretamente. Afinal, é impossível voltar no tempo e mudar a posição dos planetas na hora do nosso nascimento. Portanto, cada um de nós tem um desígnio kármico astrológico que é tão preciso como o nosso DNA.

   Mas a atuação desse tipo de karma *pode* ser alterada. Apesar de não podermos mudar a posição dos planetas na hora de nosso nascimento, podemos mudar o modo com que recebemos essas influências ou vibrações. Como vimos no Capítulo 2, a prática de mantras muda nossos estados interiores, de modo que quando as vibrações nos atingem, os efeitos sejam diferentes do que seriam se não tivéssemos mudado nossa paisagem interior.

3. **O Karma Agami** é resultante de nossas atuais ações intencionais nesta vida, que terão, obviamente, um efeito sobre o retorno do karma no futuro.
4. **O Karma Kriyamana** é o resultado imediato de nossas ações atuais.

Como alterar os efeitos do karma

Os karmas Sanchita, Kriyamana e Agami podem ser afetados positivamente na nossa vida atual pelas decisões conscientes. O karma Prarabdha, entretanto, é definido no momento em que nascemos. Esse karma será nosso durante toda a vida atual.

Embora não seja possível mudar a posição dos planetas na hora de seu nascimento, você pode influenciar seu karma Prarabdha. Você pode mudar o modo com que recebe as influências ou vibrações dos planetas "sob os quais nasceu". Para ilustrar essa questão, o mestre espiritual norte-americano Donald Walters — também conhecido durante anos como Swami Kriyananda — criou uma analogia maravilhosa. Pode estar "em nossos planetas", Walters disse, "que num determinado momento, nós rolemos por uma escada e quebremos uma perna. Mas isso não precisa acontecer. Podemos nos preparar espiritualmente para que, quando surgir esse momento, tudo o que acontece seja uma topada com o dedo do pé".

Essa é uma idéia poderosa. A influência dos astros sobre nós pode de fato ser modificada pelo estado no qual recebemos suas misteriosas vibrações. Mas como podemos operar essas mudanças interiores? Como podemos mudar a nós mesmos para que, quando surja esse momento específico com suas propensões intrínsecas, apenas demos "uma topada com o dedo do pé"?

Como mudar a paisagem interior

O trabalho que realizamos com os mantras é governado pelo karma Agami. Praticar um mantra é uma ação no presente que afetará nosso karma futuro. Quando recitamos um mantra, nossas condições interiores mudam de maneira que, quando as vibrações nos atingem, os efeitos são diferentes do que seriam se não tivéssemos mudado nossa paisagem interior. Além disso, o trabalho efetuado agora com o mantra torna-se parte de nosso karma Agami em um sentido positivo. Nossas ações anteriores baseadas no livre-arbítrio vêm agora em nosso auxílio. E como estamos afetando nosso bem atual para melhor, estamos também trabalhando com o karma Kriyamana.

A recitação de mantras afeta, portanto, cada um dos tipos de karma e nos ajuda a superar as condições desfavoráveis que possamos ter criado inadvertida ou inconscientemente nesta ou em alguma vida passada. Como exatamente isso pode ocorrer?

Quando trabalhamos com as vibrações sonoras do mantra, essas vibrações mudam as condições interiores do nosso corpo físico e etérico. Quando um determinado mantra é praticado por um determinado período de tempo, o corpo físico, os chakras e todos os elementos do corpo etérico sintonizam-se de uma maneira um pouco diferente.

O karma pode ser comparado com as sementes que foram primeiro armazenadas e depois plantadas. Quando por fim as condições se tornam propícias, as sementes do karma brotam. O propósito de redução ou eliminação do karma corresponde, então, a destruir as sementes. Pela prática diligente de mantras sanscríticos, nós destruímos as sementes do karma negativo, criadas por atos e atitudes mentais do passado.

Considere, por exemplo, um mantra para eliminar a raiva. A eliminação da raiva pela prática do mantra implica a mudança da vibração nos lugares em que certos padrões estão armazenados nos corpos físico e sutil. A raiva é armazenada em certos órgãos e partes do corpo. Embora a localização exata possa variar de pessoa para pessoa, ela é bem específica em cada um de nós. Quando uma condição exterior tem um efeito sobre o lugar ou lugares em que estão armazenados os padrões de energia da raiva, ficamos enfurecidos.

Os planetas podem ser considerados como "mecanismos" que disparam certas tendências interiores. Quando eles passam por certos signos astrológicos ou formam alinhamentos que encontram ressonância em nosso DNA astrológico, conforme ele se apresenta no nosso mapa astral, os padrões armazenados também começam a ressoar. Assim, podemos ficar com raiva diante de um fato que normalmente não produziria esse efeito. A personalidade concorda com a ativação interior dos padrões e nós reagimos com raiva diante de alguma situação. Embora seja verdade que tendemos a ser levados a sentir raiva pelos mesmos tipos de estímulo, é também verdade que o movimento dos planetas pode provocar o surgimento de novos padrões.

O uso do mantra com a intenção consciente de eliminar a raiva dará início a um processo no qual esses padrões se dissolvem e a energia armazenada é transformada, passando a ficar disponível para outros propósitos.

Em psicologia, há um ditado que diz: "Descubra a sua raiva e você estará liberando uma grande quantidade de energia." Pela transformação da hostilidade, você pode se tornar mais capaz e produtivo. Os antigos ensinamentos espirituais estão inteiramente de acordo com essa idéia moderna.

A atividade astrológica também pode produzir efeitos positivos. A proposta inesperada de um ótimo emprego, o encontro da pessoa de nossos sonhos e ganhar na loteria são todos exemplos de karma positivo em ação. Então, a idéia de equilíbrio entra em cena. Nós queremos maximizar o karma positivo e minimizar o negativo e ter discernimento para distinguir um do outro. Ao assumir a prática de mantras para alcançar o equilíbrio kármico apropriado, é também importante que oremos para ter sabedoria.

Qual é a freqüência do meu baço, por favor?

Cada órgão do corpo físico tem uma freqüência vibratória própria. Essa vibração é seu estado natural. Se você imagina que o fígado de todos os seres humanos vibra, por exemplo, dentro de um padrão geral, bem delimitado de freqüência, em seu estado natural, você está certo. Mas agora surgem as complicações. Todos os atos têm conseqüências e repercussões, sejam eles conscientes ou inconscientes. É impossível para nós ver essas conseqüências, em geral porque os efeitos são simultaneamente de proporções subatômicas e macrocósmicas. E essas conseqüências têm efeitos biológicos sobre o corpo. A mudança pode não ser visível imediatamente e nem mesmo se manifestará na vida em que foi criada. Mas ela se manifestará mais cedo ou mais tarde caso a energia não seja transmutada.

Não devemos esquecer que:

- *Matéria e energia não podem ser nem criadas nem destruídas* (embora possam ser reorganizadas). Essa é a Primeira Lei da Termodinâmica da física moderna.
- *Todas as coisas retornam à sua fonte.* Essa é uma afirmação da Lei do Karma.
- *Você colhe aquilo que planta.* Esse provérbio bíblico afirma metaforicamente a Lei do Karma.

Mesmo conhecendo dezenas de frases semelhantes, podemos não acreditar que somos responsáveis pela atuação dessas forças e seus efeitos na nossa vida. Mas a prática do mantra às vezes pode nos ajudar a transmutar o karma desta e de muitas vidas passadas.

Se um determinado karma negativo se estende por várias vidas, pode ser difícil mudar a saúde de um órgão numa única vida pela prática de mantras. Nesse caso, a alma pode escolher tomar uma atitude drástica e apagar o passado de uma vez com um câncer ou outra doença catastrófica que acabe com todas as vibrações negativas numa única vida. Entretanto, certas pessoas se valem de seu próprio karma positivo para neutralizar o karma negativo da doença e, com isso, ocorre uma cura milagrosa.

Tipo astrológico

Cada parte do corpo é regida por um signo astrológico específico. Por exemplo, o coração e a coluna são regidos por Leão. Os braços e os pulmões são controlados por Gêmeos. As funções da reprodução e da eliminação são regidas por Escorpião. A tabela apresentada nas páginas 98-99, "Os planetas e o nosso corpo", servirá de referência para uma consulta rápida. (Se você desejar uma análise mais detalhada, saiba que o astrólogo Jeff Mayo escreveu vários livros abordando esse tema em profundidade.)

Cada signo astrológico tem um planeta que em geral rege e direciona a energia dele no nosso universo local. Por exemplo, Capricórnio: Saturno; Escorpião: Marte; Leão: o Sol. Os efeitos de uma grande variedade de eventos relacionados karmicamente serão diferentes para cada pessoa de cada signo. Além disso, somos todos influenciados por uma disposição de doze "casas" de influência, como são chamadas, que giram em torno do mapa de cada pessoa. A lista dos signos astrológicos e planetas apresentada mais adiante neste capítulo mostra essas correspondências.

Para toda pessoa que chega às idades de 29, 58 e 86 anos, o planeta Saturno retorna à posição exata que ocupava quando ela nasceu e tem início um novo ciclo de aprendizagem. Muitos astrólogos referem-se a esse período como o Retorno/Regresso de Saturno. Freqüentemente chamado de "o planeta das lições", Saturno começa a apresentar novas categorias de lições a cada um de nós, quando ele retorna ao lugar em que se encontrava na hora em que nascemos.

No final da casa dos vinte anos, as estratégias que eu havia desenvolvido para obter sucesso na vida deixaram de funcionar. Fui forçado, durante um período de vários anos, a trocar minha visão totalmente materialista por uma visão espiritual da vida. Fiquei completamente confuso diante dos fatos novos que estavam ocorrendo na minha vida e que eram decididamente desagradáveis e para os quais eu estava totalmente despreparado.

As dificuldades persistiram até eu encontrar alguém que me informou que eu me encontrava num período regido por Saturno. Essa pessoa indicou-me um mantra para o planeta Saturno que ajudaria a aliviar meus problemas. Iniciei a repetição desse mantra e, dentro de algumas poucas semanas as coisas começaram a mudar radicalmente para melhor, embora eu ainda estivesse no período regido por Saturno. O mais importante foi o fato de que, por *saber* que estava enfrentando algumas dificuldades e que *tinha de* passar por elas, eu pude aceitar com mais tranqüilidade a necessidade de enfrentar certas mudanças. Com a ajuda do mantra, pude escolher o modo de responder aos problemas inevitáveis.

As abordagens astrológicas

Existe um modo oriental e um modo ocidental de abordar a astrologia e ambos funcionam. O primeiro tem como referência a Lua e o segundo, o Sol. Mas a posição dos planetas é a mesma em ambas as abordagens. Por isso, para o propósito de atuar sobre seu karma planetário, não importa o sistema que você usar.

Se você ainda não tem, é uma boa idéia fazer o seu mapa astral. Qualquer astrólogo competente pode indicar-lhe prontamente os aspectos fáceis e difíceis presentes no seu mapa astral. Seu mapa pode apresentar aspectos difíceis envolvendo outro planeta. Inversamente, sem dúvida também existem aspectos muito fáceis na sua vida. Os planetas podem nos ensinar muitas lições.

Os planetas e o nosso corpo

Qualquer astrólogo ou livro de astrologia lhe revelará que certas partes do corpo são regidas por princípios planetários específicos. Por exemplo, os joelhos, o baço e o sistema ósseo estão sob forte influência do planeta Saturno. Em astrologia, considera-se que essas partes do corpo são "regidas" pelo princípio saturnino. Apresentamos abaixo uma lista dos diferentes órgãos, suas relações com os respectivos corpos celestes e o mantra relacionado com o planeta ou com outro corpo celeste que tenha maior influência sobre a parte específica do corpo.

Coração, coluna, diafragma, timo, sangue e veias	Sol	*Om Sri Suryaya Namaha*
Estômago (inclusive os processos gástricos), seios, sistemas linfático e de secreções, como o suor e a saliva, sistema nervoso simpático	Lua	*Om Sri Chandraya Namaha*
Mãos, braços, pulmões, órgãos sensoriais, alguma influência na glândula tireóide	Mercúrio	*Om Sri Budhaya Namaha*
Garganta, pescoço, rins, ligação secundária com os órgãos sexuais e pés, alguma influência na glândula tireóide	Vênus	*Om Sri Shukraya Namaha*
Órgãos sexuais, glândulas supra-renais, glóbulos vermelhos	Marte	*Om Sri Angarakaya Namaha*
Fígado, vesícula biliar, lobo posterior da pituitária (relacionado com o crescimento), coxas	Júpiter	*Om Sri Gurave Namaha*

Baço, sistema ósseo, incluindo a cartilagem, pele, parte da perna que vai do joelho ao tornozelo, lobo anterior da glândula pituitária (relacionado com o tipo físico)	Saturno	*Om Sri Shanaishwaraya Swaha*

De acordo com a astrologia lunar do Oriente, o período regido por Marte na vida das pessoas dura sete anos. Nesse período, as coisas podem ficar difíceis sem nenhum motivo aparente. Os astrólogos védicos (não é muito fácil encontrá-los) conseguem localizar facilmente esses e outros períodos potencialmente problemáticos nas áreas dos relacionamentos, dos negócios e outras. Saber que aspectos planetários podem estar causando os problemas abre caminho para a solução deles.

Por exemplo, a mãe de Samantha sofria há anos de artrite reumatóide. Ela tinha dificuldade para andar e ficava encerrada em casa a maior parte dos dias da semana. Quando Samantha me falou a respeito dos problemas da sua mãe, a primeira idéia que me veio à mente foi com respeito à energia planetária que rege o sistema ósseo: Saturno. Talvez, se ela trabalhasse com a energia desse planeta, fosse possível contribuir para o "abrandamento" da influência da energia de Saturno e, conseqüentemente, aliviar o problema da mãe dela. Saturno também tem forte influência sobre os joelhos, a parte da perna entre o joelho e o tornozelo e o baço. Eu expus a Samantha os princípios lógicos e o mantra correspondente e ela depois me contou que sua mãe estava recitando regularmente o mantra e andando melhor.

Om Sri Shanaishwaraya Swaha

"Om e saudações a Saturno, o planeta das lições."

O poder do signo astrológico

Os alinhamentos planetários nos mapas astrais individuais podem apresentar problemas e ensinamentos específicos para cada um de nós. A maioria dos astrólogos interpreta os aspectos "fáceis" e "difíceis" dos planetas presentes num mapa astral em função de sua relação com outros planetas. Normalmente, eles não conhecem nenhum meio para aliviar as dificuldades impostas pelos alinhamentos. Mas, pela prática do mantra sanscrítico apropriado para cada planeta, é *possível* mudar o karma planetário. Eis uma lista dos signos astrológicos com os planetas e corpos kármicos que os regem, bem como do mantra associado a cada corpo celeste, inclusive Rahu e Ketu, os nodos kármicos da Lua.

Áries	Marte	*Om Sri Angarakaya Namaha*
Touro	Vênus	*Om Sri Shukraya Namaha*
Gêmeos	Mercúrio	*Om Sri Budhaya Namaha*
Câncer	Lua	*Om Sri Chandraya Namaha*
Leão	Sol	*Om Sri Suryaya Namaha*
Virgem	Mercúrio	*Om Sri Budhaya Namaha*
Libra	Vênus	*Om Sri Shukraya Namaha*
Escorpião	Marte/Plutão	*Om Sri Angarakaya Namaha*
Sagitário	Júpiter	*Om Sri Gurave Namaha*
Capricórnio	Saturno	*Om Sri Shanaishwaraya Namaha*
Aquário	Urano/Saturno	*Om Sri Shanaishwaraya Namaha*
Peixes	Júpiter/Netuno	*Om Sri Gurave Namaha*
Cabeça do Dragão	Nodo Norte da Lua	*Om Sri Rahuve Namaha*
Cauda do Dragão	Nodo Sul da Lua	*Om Sri Ketuve Namaha*

Como trabalhar com as energias dos planetas

De posse das informações fornecidas pelo seu mapa astral, você pode começar a atuar sobre a sua vida com uma idéia clara de por onde começar. Os mantras sanscríticos abaixo, traduzidos grosso modo, significam "Saudações ao espírito que preside o planeta__________." De acordo com os Vedas, todas as coisas são dotadas de uma consciência intrínseca. Segundo eles, a consciência dos planetas e astros é completamente diferente da nossa como seres humanos.

Apresentamos a seguir uma lista de fórmulas abreviadas de mantras para os sete planetas e os nodos kármicos da Lua. Se você está tendo dificuldade em alguma área da vida, procure o mantra correspondente ao planeta que pareça mais adequado e coloque-o em prática. Se quiser realmente arregaçar as mangas, pratique o mantra por um período de quarenta dias consecutivos.

Às vezes pode parecer que existe mais de um planeta envolvido. Isso realmente pode ocorrer por haver um aspecto comum entre eles ou por haver dois planetas em posições não-relacionadas. Nesse caso, trabalhe com os mantras correspondentes a ambos os planetas. Isso pode ser feito ou seqüencialmente (quarenta dias para um, seguidos de quarenta dias para outro) ou dedicando um período diário para cada um. Siga a estratégia que melhor lhe convier.

Fórmulas abreviadas de mantras aos planetas

Sol — *Om Suryaya Namaha*
"Om e saudações a Surya, espírito que preside o Sol."

Lua — *Om Chandraya Namaha*
"Om e saudações a Chandra, espírito que preside a Lua."

Marte — *Om Angarakaya Namaha*
"Om e saudações ao espírito que preside o planeta Marte."

Mercúrio — *Om Budhaya Namaha*
"Om e saudações a Buddha, espírito que preside o planeta Mercúrio."

Júpiter — *Om Gurave Namaha*
"Om e saudações a Guru, espírito que preside o planeta Júpiter."

Vênus — *Om Shukraya Namaha*
"Om e saudações a Shukra, espírito que preside o planeta Vênus."

Saturno — *Om Shanaishcharaya Namaha*
A terminação da palavra sânscrita que designa o planeta Saturno, "Shani", muda de acordo com o uso de Namaha (terminação neutra) ou Swaha (terminação feminina). Portanto, o mantra que termina com "namaha" fica sendo "Om Sri Shanaishcharaya

Namaha" e o mantra que termina com "swaha" fica sendo "Om Sri Shanaishwaraya Swaha."
Om Shanaishwaraya Swaha
"Om e saudações a Shani, o espírito que preside o planeta Saturno." Quando a energia de ambos sobe para o plexo solar, como acontece aos 29 anos de idade, o acréscimo de "Sri" ao mantra facilita a sua atuação. A terminação passa então de "namaha" para "swaha".

Rahu — *Om Rahuve Namaha*
"Om e saudações a Rahu, espírito que preside o Nodo Norte da Lua."

Ketu — *Om Ketuve Namaha*
"Om e saudações a Ketu, espírito que preside o Nodo Sul da Lua."

O movimento dos centros de energia que acompanha o nosso crescimento

Quando crianças, em geral nosso centro energético permanece na região do primeiro chakra. Estamos no processo de desenvolvimento de nossa personalidade e do nosso modo de lidar com o mundo. A socialização e uma miríade de atividades que formam a personalidade ocorrem até a idade de doze ou treze anos.

Quando começamos a despertar sexualmente, em geral o centro energético passa para a área do segundo chakra. O período da puberdade é extremamente difícil porque somos literalmente arrancados à força de nosso antigo modo de ser e lançados em um novo. Com o despertar da sexualidade, temos de aprender novas regras que parecem vir do nada. Temos, por exemplo, de aprender regras de comportamento completamente diferentes para com as pessoas do mesmo sexo e as do sexo oposto. Todo mundo sabe disso.

Quando chegamos aos vinte anos, mais ou menos, tem início um novo ciclo. O centro de energia passa para a área do terceiro chakra. Outra vez, nosso interesse pela vida assume novas formas. As regras mudam outra vez, mas de maneira mais sutil. De repente, a carreira profissional pode parecer muito mais importante do que fora antes. O alarme do relógio biológico pode disparar, criando uma necessidade impetuosa de procriar. A competição costuma assumir uma importância muito maior na vida. E as mudanças parecem todas se acelerar. Por que isso acontece?

As estatísticas sociológicas e psicológicas com respeito aos jovens adultos demonstram que, no período que vai dos 28 aos 35 anos, ocorre o maior número de mudanças significativas. Por exemplo, as pessoas solteiras casam-se mais nesse período do que durante qualquer outro período de sete anos. É também nesse período que ocorre o maior número de divórcios. É quando também ocorre a maior incidência de mudanças de emprego e de carreira e o maior índice de casos de esquizofrenia. A lista é interminável. Dados importantes sobre jovens adultos obtidos por sociólogos e psicólogos confirmam o que os astrólogos vêm dizendo há séculos. Esse é um período de grandes mudanças. É a idade em que entramos realmente na vida adulta. Quando entramos no segundo ciclo de Saturno, aos 58 anos, o processo volta a ocorrer com uma nova seqüência de lições. Podem ser lições que dizem respeito a mudanças de vida, relacionamentos maduros, lições de saúde e assim por diante. Toda vez que Saturno retorna ao mesmo lugar de sua órbita em que se encontrava na hora de seu nascimento, tem início um novo ciclo de aprendizagem.

Portanto, se você se encontra num período regido por Saturno, ou conhece alguém nessa situação, existe um meio de tornar a sua travessia mais fácil. O mantra ao planeta Saturno pode ser de grande ajuda.

As lições de Saturno

Saturno é o planeta das lições e atua especificamente de modo a "desencadear" o karma. Permanecendo cerca de dois anos e meio em cada signo astrológico, a energia de Saturno ativa certas partes do nosso karma quando entra em cada signo. São-nos colocadas oportunidades para aprender ou dominar novas habilidades. O mantra a Saturno pode nos ajudar a descobrir mais rapidamente quais são essas lições e tratar de aprendê-las. Apesar de a maioria dos astrólogos dizer que a lição de Saturno pode ser difícil, houve casos em que a influência de Saturno foi importante e benéfica simplesmente pelo fato de a pessoa ter aprendido e assimilado a lição pertinente.

Por exemplo, se você já aprendeu uma lição com respeito a trabalho, é possível que a entrada de Saturno em outro signo libere uma proposta maravilhosa de emprego vinda de uma fonte inteiramente inesperada. Em casos como esse, Saturno funciona como um desencadeador positivo que libera essa sorte inesperada. Se a pessoa tem lições para aprender, a ação desencadeadora de Saturno pode liberar algo menos agradável.

Certa vez, consegui um cargo de professor quando Saturno entrou em Leão. Essa é considerada uma posição muito difícil de Saturno, especialmente para alguém como eu que tem a Lua em Leão. Mas eu me candidatei para o cargo (achando que não tinha nenhuma chance) e consegui um cargo de professor por tempo integral numa universidade de Washington, D. C. É verdade que fui contratado para ensinar radiofusão, área em que tinha boas referências profissionais. Mas eu não tinha nenhum título de doutor, o que é quase um pré-requisito para um cargo de período integral. Concluí que eu devia ter assimilado todas as lições necessárias para a "função de ensinar" já havia muito tempo. Apesar de eu ter-me sentido muito grato a Deus por essa bênção, com certeza houve a participação de um karma, extremamente positivo nesse caso, atuando sobre mim. Saturno, em geral considerado o "distribuidor" de lições difíceis, qualquer que seja a área, havia me dado um presente, porque eu havia aprendido a lição pertinente.

Para obter o benefício máximo do mantra a Saturno, repita a fórmula abreviada 25.000 vezes no mínimo toda vez que, no seu trânsito, Saturno mudar de signo.

Om Sri Shanaishwaraya Swaha

Repetir este mantra 108 vezes leva cerca de cinco minutos se for dito num ritmo nem rápido nem lento demais. Isso significa que nesse ritmo o resultado é de duas mil repetições por hora. E que são necessárias doze horas e meia para as 25.000 vezes. Portanto, se você repetir o mantra a Saturno durante dez minutos diariamente, completará as 25.000 vezes em cerca de 115 dias — um terço de um ano. Isso pode ser feito facilmente enquanto você vai de carro de um lugar a outro. Ou enquanto viaja de metrô, repetindo-o mentalmente.

Sem exageros, a repetição do mantra a Saturno é altamente recomendável para abrandar o caminho pela vida, uma vez que ajuda a entender as lições que você escolheu para si através do karma Prarabdha: a posição dos planetas na hora do seu nascimento.

Da mesma maneira, se um astrólogo védico lhe disser que você está entrando num período difícil devido ao trânsito de Marte, repita o mantra *Om Angarakaya Namaha* para ajudar a abrir o caminho para receber essas vibrações e você vai notar uma melhora.

Você pode mudar seu karma. No mundo inteiro, existem pessoas que fazem isso todos os dias pela prática de mantras sanscríticos. A idéia de mudar e reduzir os efeitos do karma é a questão central de quase todas as disciplinas espirituais. No entanto, pela prática do mantra sanscrítico específico a cada planeta, você pode concentrar seus esforços numa área ou problema de sua vida que lhe seja particularmente difícil.

Um sinal de advertência

Em 1973, consegui um novo emprego, no norte da Virginia, num canal estatal de televisão, como assistente de produção de programas para crianças. No meu primeiro dia de trabalho, levantei-me, vesti-me, tomei o café da manhã e preparei-me para sair. Quando abri a porta, fui imediatamente saudado pelo som estridente de uma gralha. Ela estava pousada sobre a forquilha de dois galhos de uma árvore a menos de cinco metros da porta da minha casa. Olhando diretamente para mim, a gralha emitia sons tão estridentes que parecia a ponto de explodir seus pequenos pulmões. Aquilo era perturbador, para dizer o mínimo.

Fechei a porta e procurei acalmar as batidas do meu coração. Voltei a abrir a porta e a mesma gralha voltou a grasnar para mim. Quando fechei a porta, ela silenciou. Sentei-me numa cadeira e procurei lembrar de tudo o que eu sabia sobre as gralhas. Infelizmente, meus conhecimentos eram quase nulos. Mas me lembrei de que, no segundo livro de Carlos Castañeda, *Uma Estranha Realidade*, consta que as gralhas indicavam a presença de feiticeiros. Ótimo, que consolo!

Quando abri a porta pela terceira vez, a gralha não estava mais ali. Fui para o trabalho e tive o pior dia que alguém pode ter no trabalho. Não sabia se permaneceria nele ou não. Tudo começou a se acomodar no dia seguinte e depois de algumas semanas o trabalho já estava indo bastante bem. Esse foi o meu primeiro contato com as gralhas.

Nas semanas seguintes, fiz um curso que chamei de "Gralhas 101". Aprendi rapidamente que, toda vez que visse ou ouvisse uma gralha, um incidente ou situação desagradável aconteceria dentro dos próximos quinze minutos. Tomei a coisa ao pé da letra. Quase fui atropelado por um carro enquanto seguia por uma estrada. Cheguei trinta segundos depois de meu ônibus ter passado. Fui abordado por um estranho, um desses malucos que andam por aí, sem nenhum motivo que eu pudesse perceber. Perdi minhas chaves. Bati num carrinho de compras quando estava na fila do supermercado absorto nos meus problemas. Cada um desses incidentes foi precedido pelo som estridente de uma gralha em algum lugar perto de mim, até começar a prestar atenção.

Cheguei a ponto de, ao ver ou ouvir a voz de uma gralha, começar a me encolher de medo, perguntando-me o que sucederia. Eu não podia falar com ninguém sobre o assunto. Sei disso porque tentei. Depois de algumas tentativas de contar a um de meus companheiros de moradia toda a história das gralhas, ele passou a gozar com a minha cara ou a me evitar o máximo possível. Meus relatos deviam parecer muito estranhos para as outras pessoas e, portanto, eu logo deixei de abrir a boca para falar de gralhas e passei a suportá-las calado como novos arautos de desgraças.

Dois meses depois, criei coragem o bastante para falar com um mestre espiritual sobre meu "problema" com as gralhas, com a esperança de obter alguma resposta. Balançando a cabeça, o mestre me informou que a gralha é o símbolo do planeta Saturno na natureza. Ele perguntou quantos anos eu tinha. Na época, eu tinha trinta e poucos. O mestre disse que eu estava no final do período de Retorno de Saturno e indicou o mantra *Om Sri Shanaishwaraya Swaha* para eu recitar, explicando que ele estava relacionado com a energia de Saturno.

Repeti esse mantra muitas horas por dia. Dentro de alguns dias, comecei a perceber mudanças. E descobri que minha atenção estava sendo atraída para o que a gralha fazia.

As gralhas fazem todo tipo de coisas, eu descobri. Às vezes, elas ficam olhando para os próprios pés. Outras vezes, abrem as asas de uma maneira extremamente peculiar. Fazem coisas estranhas com o bico. Produzem estranhos estalidos vocais. Às vezes, parecem estar fitando o próprio "umbigo". Prestei o máximo de atenção possível e fiz alguns experimentos.

Em apenas duas semanas, descobri que podia ver a gralha fazendo algo, mudar meu modo de agir e evitar uma experiência desagradável. Continuei a trabalhar com o mantra e todas as dificuldades cessaram depois de aproximadamente quarenta dias.

Com o passar dos anos, continuei a trabalhar esporadicamente com esse mantra. Retomo a sua prática de vez em quando. Hoje as gralhas fazem parte do meu modo de me relacionar com a vida. Elas se tornaram um "sinal precoce de advertência" que eu hoje considero uma bênção. Houve situações em que, dirigindo em alta velocidade pela autopista, uma gralha surgia à minha frente. Instintivamente eu sabia que era um aviso de que havia um radar de controle ou um carro de polícia logo adiante. Hoje, toda vez que estou dirigindo e vejo uma gralha, eu reduzo a velocidade e tomo muita cautela. Invariavelmente, surge um carro de polícia, espreitando no acostamento os desavisados motoristas apressados como eu. Ou detecto um radar de controle ao fazer um contorno. Evitei muitas multas e acidentes com a ajuda das gralhas.

As gralhas tornaram-se de tal maneira parte da minha vida que resolvi contar minhas experiências com elas ao meu amigo Michael Weir. Esse homem espiritualizado mostrou-se no início um tanto cético, mas concordou em dar atenção a elas. Algumas semanas depois, ele voltou a me procurar com seus próprios relatos de tirar o fôlego do que as gralhas lhe haviam advertido.

Algumas palavras sobre *Namaha* e *Swaha*

Namaha quer dizer "Eu ofereço". Existem muitas maneiras de expressar a idéia de oferenda. Namaha não é nem masculino nem feminino. É do gênero neutro. Separando a energia contida na palavra *Namaha* obtém-se o seguinte: *Nam* produz uma certa qualidade de energia nos chakras da base, genital e do coração. *Ah* produz energia no coração e na garganta. *Ha* produz energia em um dos lados do centro entre as sobrancelhas onde as correntes de energia masculina e feminina se encontram. A intenção também intensifica a energia: *Nam* significa "nome", como na "palavra divina". *Maha* significa "grande". Juntas, *Namaha* significa "o precedente é um grande nome para o princípio usado no mantra que eu agora ofereço".

Swaha é uma terminação feminina que significa "Eu ofereço aos domínios superiores". *Swaha Loka* é o "domínio do Sol". Mas é também usado para indicar os domínios que estão além do Sol ou da região solar. O uso de *Swaha* é, portanto, de alguma forma determinado por seu contexto. Em um contexto, ela pode estar se referindo à região solar, enquanto em outro às regiões que se encontram além. Para a maioria dos propósitos, *Swaha* é usada no final do mantra se a pessoa tem mais de 29 anos de idade, com as devidas ressalvas indicadas neste livro para certos mantras.

Dádivas do Sol

Muitos astrólogos profissionais recorrem à analogia da construção de uma casa para descrever as influências dos signos do Sol, da Lua e do signo ascendente — os "três grandes" componentes de um mapa astral. Na construção de uma casa, a superestrutura, as vigas mestras, a rede elétrica, a calefação e o ar-condicionado correspondem todos ao signo do Sol. A aparência tanto interna quanto externa da casa, incluindo a fachada feita de madeira, tijolos, estuque ou outro acabamento, bem como a decoração dos ambientes internos, corresponde ao signo da Lua. A aparência externa da casa é a nossa personalidade e a decoração dos ambientes internos é o modo pelo qual construímos nossos relacionamentos na vida, tanto pessoais como profissionais. A razão para a casa ser construída corresponde ao signo ascendente: por que viemos para este planeta.

Tudo começa a partir do signo básico do Sol. É a posição do Sol nos diferentes signos que dá à nossa "usina elétrica" interna certas características. Como o Sol é a fonte de energia que dá origem a tudo, não é de surpreender o fato de existir um grande número de mantras que atue no sentido de produzir condições específicas que afetem nossa "usina elétrica". Considera-se que os mantras ao Sol indicados aqui produzam certos efeitos, seus "frutos". Quando você repete um mantra, uma certa parcela de poder dele se torna evidente. Isso é chamado *siddhi* do mantra, que é o poder do mantra.

Siddhi é um termo genérico para designar poder ou capacidade espiritual. De maneira que algum poder ou capacidade deve manifestar-se como resultado da repetição do mantra.

O número mínimo em geral indicado pelas escrituras e referências universais para alcançar o *siddhi* do mantra é de 125.000 repetições. Portanto, para se colher o fruto desses mantras ao Sol, prescreve-se um mínimo de 125.000 repetições. No caso de mantras curtos como o *Om Suryaya Namaha* é bastante fácil repeti-lo, digamos que duas mil vezes por hora. Nessa proporção, são necessárias 62 horas e meia para completar as 125.000 repetições. Isso pode ser facilmente realizado em quarenta dias. O Capítulo 3 discorre mais detalhadamente sobre a disciplina de quarenta dias.

As fórmulas abreviadas de mantras se prestam facilmente para a disciplina de quarenta dias. Dirigindo o carro numa autopista ou viajando de metrô são ótimas oportunidades para se trabalhar com mantras e custa muito menos do que falar pelo telefone celular.

Mantras ao Sol e seus frutos

Om Mitraya Namaha	Luz da Amizade Universal
Om Ravaye Namaha	Luz de Brilho Refulgente
Om Suryaya Namaha	Dissipador das Trevas ou da Ignorância
Om Bhanave Namaha	Princípio da Claridade
Om Khagaya Namaha	Luz que Tudo permeia
Om Pushne Namaha	Luz do Fogo Místico
Om Hiranyagarbhaya Namaha	Aquele que Tem a Cor do Ouro: do Ouro que Cura
Om Marichaye Namaha	Luz: manifesta e sutil, como no alvorecer e no crepúsculo
Om Adityaya Namaha	Luz do Sábio: um aspecto de Vishnu
Om Savitre Namaha	Luz da Iluminação
Om Arkaya Namaha	Luz que Dissipa as Aflições
Om Bhaskaraya Namaha	Brilho: a luz da inteligência

Ao ler a lista acima, talvez um dos exemplos de fruto lhe cause uma forte e súbita impressão. Isso é indício de que alguma parte de você está precisando desse aspecto da luz solar e espiritual.

Signos lunar e ascendente

Se você quer saber sobre o trânsito dos planetas pelo seu signo lunar ou pelo ascendente no seu mapa astral, consulte uma das tabelas já apresentadas, encontre o mantra correspondente à energia do planeta de seu interesse e faça as 25.000 repetições.

Para assumir a responsabilidade

Cada planeta funciona como um mecanismo que atua de uma maneira específica sobre a nossa constituição astrológica. Mas os mantras relacionados aos planetas podem remover as dificuldades da mesma maneira que um poderoso detergente dissolve placas de gordura. Conhecer, reza o ditado, é poder. Saber que existe uma forte relação entre nosso karma, nossa saúde e o alinhamento dos planetas no céu é o primeiro passo para minimizar as dificuldades. Praticar o devido mantra transforma esse saber em poder prático.

7

Mantras para a Saúde

Ter problemas de saúde faz parte da condição humana. Todos nós já tivemos doenças físicas que teríamos procurado curar nós mesmos se soubéssemos o que fazer. Mesmo a medicina moderna, com seus antibióticos e vacinas contra a gripe, fez pouco progresso no tratamento de alguns problemas comuns de saúde.

Este capítulo não oferece nenhuma panacéia. O mantra não cura todos os males. Mas ele pode contribuir significativamente para a nossa saúde e o nosso bem-estar em geral, e como acontece com todos os desafios colocados pela vida, quanto mais instrumentos tivermos para usar, maiores serão nossas chances de ter uma vida longa e produtiva.

Note que a maioria dos mantras para a saúde são de natureza genérica. Você não vai encontrar um mantra específico para cada problema de saúde, embora no capítulo anterior eu tenha apresentado os mantras que correspondem a áreas específicas do corpo. A maioria das fórmulas apresentada neste livro pode ser aplicada a quase todas as doenças. Qualquer que seja o mantra que você acabe por escolher, esteja disposto a considerar todos os métodos para curar a doença que possa aparecer.

Manter a mente aberta e estar preparado

Certa vez conheci um homem que praticava um mantra para aliviar a doença debilitadora conhecida como síndrome da fadiga crônica, ou SFC. Ele era diligente em seus esforços. Um dia, depois de ter trabalhado com um mantra por quase um mês para melhorar seu estado, ele recebeu a visita de alguém que não via há um bom tempo. Enquanto conversavam, o visitante perguntou sobre seus problemas de saúde. Quando o homem mencionou a SFC, o visitante declarou excitado que recentemente havia lido por acaso um artigo na edição de maio de 1990 da revista médica britânica *Lancet*. O artigo divulgava uma pesquisa que havia comprovado a eficácia de um tratamento muito simples para a SFC. O visitante incitou-o a ler o artigo e procurar fazer o tratamento indicado. O homem ridicularizou-o e mandou-o embora. O visitante chegou a ponto de lhe contar o caso de uma mulher que havia feito o tratamento e melhorado significativamente num período de apenas seis semanas, depois de ter passado anos lutando contra a SFC. Mas o homem não quis ouvi-lo. Ele estava à espera de um milagre. É claro que o milagre já acontecera, mas ele o ignorou inteiramente.

Para praticar esses mantras sanscríticos com propósitos terapêuticos, você não precisa abandonar os outros métodos de cura. O resultado da prática de mantras pode não ser o esperado. Esteja aberto e preparado para aceitar tudo o que vier, mesmo o inesperado.

Quando trabalhamos com mantras, estamos trabalhando com energia, e energia nunca se perde. De alguma forma, ela sempre retorna. Mas não temos de determinar pelo nosso sistema de crenças como exatamente ela vai funcionar.

Quando você ler os mantras de cura apresentados nas páginas seguintes, é importante saber que, ao colocar em prática qualquer um deles, estará mobilizando certas forças. A energia por si mesma atuará de uma maneira específica. Sua intenção vai ajudar a focalizar e fortalecer a prática. Mas você terá também de estar preparado para aceitar o resultado quando chegar a hora.

Um caso de cura de fibromialgia

Cynthia estima que teve fibromialgia durante vinte anos aproximadamente. No início, a doença, que se manifesta como inflamação e dor nas articulações, deixou-a totalmente incapacitada. Ninguém, nem mesmo os médicos, conseguia dizer o que havia de errado nela. Algumas pessoas chegaram a pensar que seu problema era psicológico. Para lidar com a doença da melhor maneira possível, Cynthia pegava empregos de meio período que não exigiam demais dela, para ganhar seu sustento mesmo se sentindo fraca quase o tempo todo.

Eu não sabia nada disso quando Cynthia se inscreveu em meu curso. No final da primeira aula, ela ficou na sala quando todos foram embora. Então me perguntou se eu já tinha ouvido falar de fibromialgia e eu respondi que tinha bastante familiaridade com essa doença. Quando ela me perguntou se eu sabia de algo que pudesse ajudá-la, indiquei dois mantras para ela praticar, o primeiro para o baço e o segundo para remover os bloqueios energéticos.

Om Sri Shanaishwaraya Swaha
(para o baço)

Om Gum Ganapatayei Namaha
(para remover os bloqueios energéticos)

Também indiquei a ela um longo mantra Rama para a cura, que apresentarei mais adiante neste capítulo.

Por fim, recomendei que ela iniciasse um exercício concentrado e vigoroso de respiração, da yoga pranayama, ou que alternasse a respiração por uma e outra narina. Eu percebi que sua energia vital, ou prana, estava difusa e dispersa. Recebidas as instruções, ela começou imediatamente a praticar o exercício respiratório.

Instruções para o exercício de respiração Pranayama

São ensinadas inúmeras variantes desta simples técnica respiratória. Parece que cada professor tem um método um pouco diferente de praticar este exercício, entre eles o de contar o número de segundos que se leva para inspirar, reter o ar e expirar. Entretanto, o que segue é um método muito simples de colocar em prática o que Swami Sivananda ensinou durante quarenta anos em Rishikesh, na Índia. Ele simplesmente requer que se respire exatamente da maneira aqui indicada, sem necessidade de contar os segundos que se leva inspirando, retendo o ar e expirando.

Prepare-se para ficar sentado calmamente por um período mínimo de cinco e um máximo de quinze minutos. Com o polegar direito pressionando a narina direita, inspire profundamente pela narina esquerda até encher totalmente os pulmões de ar sem causar tensão. Agora, usando o dedo médio da mão direita para fechar a narina esquerda, expire pela narina direita. Quando os pulmões tiverem expelido todo o ar, inspire pela mesma narina, a direita. Essa é uma técnica de respirar alternando as narinas. Repita essa técnica de respirar alternadamente pelas narinas por mais quatro vezes, formando assim o total de cinco vezes. Descanse agora por trinta segundos, mais ou menos, e volte a fazer mais cinco respirações alternadas. Descanse novamente e repita o procedimento uma terceira vez. Terminada a prática, você terá realizado três "rodadas"de exercícios respiratórios alternando entre uma e outra narina. Com o aumento de sua capacidade, você poderá fazer o exercício dez, quinze, vinte ou mais vezes em cada sessão.

Essa técnica é tanto calmante quanto energizante, uma vez que equilibra as energias de ambos os lados do corpo e da mente.

Depois de apenas uma semana, Cynthia já apareceu com um novo ânimo. Ela sorriu timidamente na aula seguinte e disse que estava começando a se sentir melhor. Passadas seis semanas, todo o seu comportamento estava mudado. Mostrava-se cheia de energia e confiança. Três meses depois, ela disse que ainda procurava ir com calma quando começava a ficar cansada, mas que se sentia completamente curada. Posteriormente, ela teve uma experiência profunda em meditação que, para ela, comprovou que estava completamente curada da fibromialgia.

O médico divino

A ciência da cura é tão antiga quanto a humanidade. Xamãs, curandeiros e curandeiras sempre existiram em todas as culturas. Muitas vezes, o conhecimento extremamente precioso de ervas e plantas medicinais é transmitido de geração em geração. Os antigos registros védicos incluem histórias detalhadas de xamãs ou curandeiros. Um desses curandeiros da tradição hindu era chamado Dhanvantre, o "médico divino". Seu mantra é usado para se encontrar o método apropriado para a cura de qualquer problema de saúde.

Om Sri Dhanvantre Namaha

"Saudações ao ser e poder do Médico Divino."

Nos lares tradicionais do sul da Índia, as mulheres recitam este mantra enquanto preparam a comida para dotá-la com as poderosas vibrações positivas que afastam as doenças. Em outras casas, o mantra é entoado durante a preparação da comida para os fracos ou doentes.

Você pode recitar esse mantra enquanto se concentra em qualquer distúrbio que gostaria de remediar ou curar. Recite-o no mínimo 12.500 vezes e esteja aberto para o modo de a cura se manifestar. Lembre-se de que a cura pode ser alcançada por meio da medicina tradicional ou de todos os outros meios juntos. Mantenha a mente aberta e não se agarre a nenhuma expectativa de como a cura deveria ocorrer.

O caso de Rochelle

Por muitas semanas, Rochelle vinha tendo problemas estomacais causados pelo nervosismo. Quando os médicos se mostraram incapazes de ajudá-la, Rochelle telefonou-me perguntando se havia algum mantra que pudesse ajudá-la a resolver seus problemas de estômago. Depois de uma breve meditação, concluí que o Dhanvantre poderia ajudá-la. Ela começou a recitá-lo diariamente e, em apenas um curto período de tempo, começou a se sentir melhor. Ela continuou recitando o mantra mesmo depois de os problemas terem desaparecido, para prevenir-se contra uma recaída.

Depois de várias semanas de prática, Rochelle teve de levar o marido de carro ao aeroporto para uma viagem imprevista de negócios. Devido a outros problemas que estavam afetando sua vida na ocasião, esse fato abalou-a muito. Depois de deixar o marido no aeroporto, no caminho de volta para casa, ela teve um ataque de pânico. Sem pensar, começou automaticamente a recitar o mantra *Om Sri Dhanvantre Namaha*. Com apenas uma meia dúzia de repetições, o ataque cedeu. Um pouco trêmula, mas sentindo-se perfeitamente bem, ela dirigiu o carro de volta para casa sem quaisquer outras dificuldades. Ela ficou encantada com o fato de o mantra ter acalmado sua ansiedade em apenas alguns instantes. Ela sente agora que tem controle sobre seus distúrbios estomacais, mesmo quando sob tensão.

Quando se pratica um mantra, é importante estabelecer uma disciplina própria e observar os resultados. Esses procedimentos foram discutidos no Capítulo 3, "Como praticar o mantra de sua escolha". Eis aqui um resumo para refrescar a sua memória:

Lugar
Escolha um lugar calmo onde você possa praticar seu mantra todos os dias.

Hora do dia
Determine um horário específico, uma ou duas vezes por dia, para praticar sua disciplina. Algumas pessoas têm agendas muito lotadas e uma vez por dia é o máximo que podem se permitir. Outras têm mais flexibilidade e conseguem facilmente reservar um horário pela manhã e outro à noite.

Número de repetições
Você pode decidir fazer 108, 200 ou mais repetições do mantra que escolheu praticar, no lugar de sua preferência. Lembre-se de que também poderá praticar seu mantra informalmente em outros lugares e horas do dia.

Depois de ter decidido os aspectos específicos, determine as datas em que vai começar e terminar a sua prática. Se achar que ajuda, coloque um calendário perto de seu lugar de meditação com as datas visivelmente marcadas.

Outros mantras de cura em geral

Além do mantra Dhanvantre, existem outros mantras de cura em geral que você pode praticar com bons resultados. Eis alguns deles:

Mantra da água
A água tem sido usada em rituais místicos e de cura desde que os seres humanos vivem em comunidades. Eis um mantra que proclama que a água comum, quando dotada do poder de cura de Deus, pode atuar positivamente.

Oushadhim Jahnavi Toyam
Vaidyo Narayana Harihi

"A água tocada pelo Espírito de Deus é o melhor remédio, porque Deus é o melhor médico."

Existem chakras poderosos nas mãos, que no caso de muitos curadores estão abertos. Se você acha que os chakras das suas mãos estão abertos e funcionando, por pouco que seja, você pode recitar este mantra com a palma da mão sobre um copo de água. Dessa maneira, você estará não apenas pedindo ao Espírito Santo que atue através de você e dessa água para promover a cura, mas também emanando prana curativo de sua mão para a água que, em seguida, será consumida.

Poder de cura generalizada do Sol (interno e externo)
No Capítulo 6, tratamos do uso dos mantras solar e planetário para aliviar as situações de *stress*. Por enquanto, saiba que o uso do mantra indicado abaixo ativa certas pétalas do chakra do plexo solar, que começam então a produzir intensas vibrações de cura. Este mantra pode também ser recitado para o Sol, pedindo ao Grande Ser Solar que emita a energia Arkaya (que cura as aflições) ou a energia Hiranyagarbha (que cura com seus raios dourados) para curar a pessoa em dificuldades. Quando estiver praticando esses mantras a pessoa será beneficiada se passar algum tempo ao sol, diariamente.

Om Arkaya Namaha

"Om e saudações Àquele que brilha e alivia as aflições."

Om Hiranyagarbhaya Namaha

"Om e saudações Àquele que brilha, cura e tem a cor do ouro."

Mantras ao Sol para a cura dos olhos

O poder do Sol pode também ser invocado para curar os olhos. Como acima, recite o seguinte mantra ao Sol e procure fazer com que a pessoa doente ou afetada tome diariamente um pouco de sol.

Om Grinihi Suryaya Adityom

"Om e saudações Àquele que brilha e cura os olhos."

Kay telefonou-me certo dia com más notícias. Ela havia ido ao médico porque estava tendo problemas de visão. Os resultados dos exames revelaram uma doença degenerativa na vista que exigia uma cirurgia. Esta foi marcada para dali a cerca de sete semanas.

Kay estava preocupada, porque nem mesmo com a cirurgia os médicos se mostravam muito otimistas. Ela pediu-me ajuda e eu, além de indicar o mantra acima, marquei com ela um ritual de cura, ou *puja*, para quando ela tivesse terminado sua prática. Ela decidiu seguir a clássica disciplina espiritual de quarenta dias.

Durante quarenta dias ela praticou o mantra pela manhã e à noite. Quando tinha tempo, praticava-o também em períodos curtos no decorrer do dia. Quando concluiu sua disciplina de quarenta dias, realizamos uma cerimônia com a presença de um grupo de amigos. Éramos quinze no total e a realização dessa cerimônia antiga foi uma experiência maravilhosa para todos nós.

Já na semana seguinte, Kay foi ao médico para fazer os exames pré-operatórios. Quando chegou em casa, ela telefonou esbaforida para me contar que a doença havia parado de progredir. O médico descobriu que o processo de degeneração havia se estagnado completamente e que a situação havia de fato melhorado um pouco. Ele decidira adiar a cirurgia para quando o quadro voltasse a piorar. Passaram-se três anos até este momento e a cirurgia continua à espera. Kay continua bem e faz um controle regular com seu médico.

Mantras para doenças nos olhos e nos pulmões

Existe um par de curadores divinos chamados *devatas Ashwini*. Eles são encarregados de proteger a entrada e a saída de ar do corpo e os olhos. Para os pulmões, invocá-los fortalece a respiração. Para os olhos, pode melhorar a visão embaçada dos objetos. Ao praticar esses mantras, use os métodos já apresentados para determinar a hora e o lugar das sessões.

Om Ashwina Tejasa Chakshuhu

"Om e saudações aos devatas Ashwini que curam a visão e a conservam clara."

Om Ashwina Bheshajam Madhu Bheshajam

"Om e saudações aos devatas Ashwina. Sejam amáveis e abençoem-nos com o mel de seu bálsamo curativo."

Se você tem alguma doença que acha que pode ser aliviada por um desses mantras, empreenda uma prática de quarenta dias de acordo com os procedimentos clássicos descritos no Capítulo 3.

A cura pelos mantras Rama

No Antigo e no Novo Testamento da Bíblia, encontramos figuras espirituais magníficas, com grandes dons que podem ser oferecidos àqueles que deles necessitam. Também encontramos o poder espiritual que se concretiza pela sua expressão em palavras. Jesus disse, "O céu e a terra poderão desaparecer, mas minhas palavras nunca desaparecerão".

Outra figura espiritual que viveu há milhares de anos e que também tinha o dom de falar com autoridade divina era o avatar Rama da Índia.

Os potenciais de cura de alguns mantras a Rama estão entre os maiores que já conheci. A seguinte lenda a respeito de Rama nos diz muito sobre os nossos poderes de cura.

O poder espiritual de Rama

Rama era o herdeiro ao trono do reino onde cresceu. Mas devido a uma série de incidentes provocados por intrigas palacianas, ele foi obrigado a passar doze anos recluso na floresta. Seu degredo era parte de um plano divino. Nesses anos, ele foi capaz de abençoar muitas pessoas que de outra maneira não o teriam encontrado.

Enquanto viajava com Lakshmana, seu irmão, ele encontrou uma pedra e de propósito passou por cima dela. A pedra assumiu imediatamente a forma de uma mulher, que se curvou diante dele. A mulher agradeceu a ele e ele abençoou-a e seguiu seu caminho. Cem anos antes, ela havia sido amaldiçoada por um sábio num momento de fúria. Tão poderosas tinham sido as palavras dele que ela permanecera na condição de pedra até encontrar Rama com seu poder divino.

Como de hábito, a notícia sobre a façanha de Rama espalhou-se rapidamente. Dois dias depois, Rama chegou a um largo rio que só podia ser atravessado de barco. A embarcação disponível era um pequeno barco a remos, manejado por um homem chamado Guha.

Naquela época, era considerada uma grande bênção poder tocar os pés de um santo. A razão disso é que existem chakras extremamente grandes nos pés. Na maioria de nós, esses chakras permanecem fechados, porque a corrente que fluiria deles é por demais intensa para nós enquanto não tivermos alcançado um determinado nível espiritual.

No Novo Testamento, vemos Jesus lavando os pés dos discípulos. Mesmo quando eles fazem objeções, Jesus diz aos discípulos que tem de fazer isso por eles: "O que eu faço, vocês não entendem agora, mas entenderão mais tarde quando eu enviar o Espírito Santo." Jesus está proporcionando a seus discípulos um dos últimos passos da iniciação espiritual. Ele está abrindo os chakras localizados nos pés deles. Após o Batismo com o Espírito Santo, os chakras dos pés dos discípulos passam a irradiar uma intensa energia espiritual. Nesse momento, uma grande energia espiritual flui dos chakras ativados nos pés.

A tradição de reverenciar os pés dos espíritos elevados continuou no Extremo Oriente por milhares de anos. Até hoje, os hinduístas e budistas tradicionais curvam-se para tocar os pés daqueles que reverenciam — e alguns deles recebem uma carga tão intensa de energia como a do choque elétrico.

Por sua vez, Guha havia tomado conhecimento da grande façanha de Rama ao passar por cima de uma pedra e fazer com que uma mulher se materializasse. Ele estava exultante, mas também preocupado, pois sabia que o caminho de Rama passava pelo rio para cuja travessia ele era o único barqueiro. Guha esperou com aparente calma enquanto Rama se aproximava de seu barco. Interiormente, seus pensamentos disparavam: O que acontecerá com este barco se Rama embarcar nele? Será que ele vai se transformar numa mulher? Ou em algum outro objeto que não seja um barco? Enquanto considerava muitas possibilidades, ele chegou à melhor solução possível.

Rama e Lakshmana saudaram Guha alegremente e pediram para serem transportados para o outro lado do rio. Guha respondeu.

— Ó, Rama, eu ouvi dizer que a poeira dos seus pés fez com que uma pedra virasse mulher. Não tenho nenhum outro meio de sustentar minha família além deste pequeno barco. Se você quer viajar comigo, por favor, deixe-me lavar seus pés para que a poeira deles não transforme meu barco em alguma outra coisa.

Rama ficou muito contente ao ouvir as palavras astutas mas devotas de Guha. Ele consentiu em ter seus pés lavados por Guha, que foi tomado por uma tremenda energia espiritual que fluiu incessantemente deles de um modo tranqüilo e intenso. Com lágrimas de devoção escorrendo de suas faces, Guha verteu água e ensaboou suavemente aqueles pés veneráveis.

Quando ele terminou, Rama e Lakshmana entraram no barco e Guha transportou-os para o outro lado. Então, Rama perguntou a Guha quanto lhe devia. Guha respondeu:

— Por sua graça eu o transportei através do rio. Seja amável e leve-me através do oceano do *samsara*.

Samsara é o oceano do renascimento. Guha queria ser libertado da necessidade de voltar a renascer muitas e muitas vezes até alcançar a libertação do ciclo de sucessivos renascimentos.

Rama, muito satisfeito com as palavras de Guha, respondeu:

— Raramente vi uma devoção como a sua. Será como você deseja. De agora em diante, você só renascerá por escolha própria. Devido à sua devoção, você também pode pedir um favor que eu o concederei.

Guha pensou por um momento e disse:

— É meu desejo que o próprio nome de Rama seja superior a todos os outros mantras na remoção dos pecados que alguém possa ter cometido.

Rama sorriu e respondeu, "Que assim seja", e deixou o rio.

A partir dessa lenda desenvolveu-se um grande estoque de mantras a Rama que têm uma grande capacidade de trazer à tona e neutralizar karmas negativos.

Um simples mantra Rama com grande poder de cura

Om Ram Ramaya Namaha

Ram tem duplo sentido e aplicação em sânscrito. Primeiro, é o som seminal do chakra manipura ou plexo solar. Uma enorme quantidade de energia de cura jaz adormecida nesse chakra. O mantra pode ajudá-lo a ter acesso a essa energia. Este mantra começa a despertar e a ativar todo o chakra. Ele particularmente prepara o chakra para poder lidar com a entrada da energia kundalini que dá ao chakra o seu poder.

A segunda aplicação envolve dividir a palavra *Rama* em suas sílabas *Ra* e *Ma*. *Ra* tem relação com a corrente solar que desce pelo lado direito do nosso corpo e *Ma* tem relação com a corrente lunar que desce pelo lado esquerdo do corpo humano. Embora essas correntes se cruzem e se encontrem nos chakras, elas em geral estão relacionadas com os lados direito e esquerdo do corpo. Pela repetição de *Rama... Rama... Rama...* muitas e muitas vezes, você começa a equilibrar as duas correntes e sua atividade para que possam trabalhar com os níveis de energia mais elevados que acabarão subindo coluna acima. Esse simples mantra, *Rama*, é por si mesmo um mantra com capacidade de curar.

O simples mantra *Om Ram Ramaya Namaha* começa a desobstruir as duas correntes com uma pequena ênfase no lado direito ou solar, que é necessário nesta época de trevas. Conforme já vimos no Capítulo 6, passada a idade de 29 anos, a terminação do mantra deve ser alterada para *Swaha*. Com o Retorno de Saturno por volta dos 29 anos, o padrão energético do corpo muda. Nosso centro de energia em geral sobe do segundo para o terceiro chakra.

O extenso e poderoso mantra de cura Rama

De todos os mantras que já usei com propósitos de cura, considero este o mais poderoso. Sei que é muito longo, mas eu o ensino até mesmo a iniciantes devido ao tremendo poder de cura que ele gera. Descobri que as pessoas que estão desesperadamente necessitadas de cura o aprendem sem dificuldade e muitas delas obtêm resultados extraordinários. Este é um dos mantras que Cynthia praticou para livrar-se dos ataques de fibromialgia que vinha sofrendo havia vinte anos. Quando começou a praticar mantras, ela mal sabia de sua existência. Apesar de iniciante, os resultados que ela conseguiu alcançar foram fortes e convincentes. Eis o extenso mantra de cura Rama, seguido de uma tradução aproximada:

Om Apa-damapa Hataram Dataram Sarva Sampadam Loka Bhi Ramam Sri Ramam Bhuyo Bhuyo Namam-yaham

"Om. Ó Rama, tu que és tão compassivo, por favor, envia tua energia de cura diretamente aqui para a Terra, para a Terra (duas vezes para enfatizar). Saudações."

Como o mantra é longo, trata-se de simplesmente reproduzir seus sons. Se puder, repita-o 108 vezes a cada sessão. Para quem está começando, no início pode levar cerca de uma hora. Se você se sentir à vontade com o mantra, pode levar apenas trinta minutos. Quando estiver bem familiarizado com ele, as 108 repetições poderão ser feitas em vinte minutos.

O mantra Rama como remédio para a dor

Judy sofreu de dor constante durante quatro anos. Com apenas algumas semanas de prática desse mantra, sua dor reduziu-se a um nível que ela não se lembrava de ter sentido. Judy continua praticando o mantra e espera estar em breve totalmente livre da dor.

Mantras para a saúde e a integração mental

Uma conhecida minha e de minha mulher tem um filho em tratamento de um distúrbio bipolar. Recentemente, desdenhando seus remédios, ele saiu de casa e desapareceu por um tempo. Por não saber onde nem como ele estava, sua família ficou extremamente preocupada. A mulher decidiu iniciar uma prática com o mantra de cura Rama. Depois de ter terminado a prática em favor dele, o rapaz não demorou a voltar para casa, recomeçou a tomar seus remédios e estabilizou sua vida. Outro casal conhecido meu recitou esse mantra durante quarenta dias e foi encaminhado a um médico que ajudou seu filho doente mental a encontrar um novo e eficiente método de tratamento.

É importante lembrar que a prática de mantras não pretende ser um substituto para outros tratamentos. Nos casos que acabamos de relatar, os tratamentos médicos convencional e holístico continuaram sendo seguidos, mas os pacientes ou seus familiares recitaram os mantras e estiveram atentos para as suas orientações. É comum ao ser humano a tentação de esperar uma solução miraculosa para suas dificuldades em vez de empenhar-se ativamente para encontrá-la. Ao praticar um mantra de cura, esteja aberto para receber informação e ajuda inesperadas.

Um distúrbio nervoso

Hector sofria de um distúrbio extremamente raro. Desde os dez anos, suava profusamente nas mãos. Ele não podia apertar a mão de alguém sem ficar terrivelmente constrangido. Um médico após outro repetia que se tratava de uma doença rara para a qual não havia tratamento. Hector tornou-se tímido e retraído. Um dia, quando já se encontrava na fase final da adolescência, ele leu um artigo que descrevia como uma clínica médica suíça havia desenvolvido um tratamento específico para esse problema. O procedimento envolvia uma cirurgia nos nervos da coluna que controlam a transpiração das mãos, separando-os para que a transpiração automática simplesmente deixasse de ocorrer.

Hector teve de se esforçar durante muitos meses para economizar os dez mil dólares para pagar o tratamento e a passagem aérea. Ele chegou até mesmo a abandonar seu alojamento e dormir na rua por um tempo para economizar essa quantia. Finalmente, ele conseguiu o dinheiro necessário, fez os acertos com a clínica e foi para a Suíça fazer a cirurgia.

Funcionou. Por um mês mais ou menos. E então surgiu outro problema. As mãos estavam ótimas, mas ele começou a transpirar profusamente no abdômen. A coisa piorou a ponto de ele não poder usar cores claras; apenas camisas esportivas e camisetas de cores escuras passaram a fazer parte do seu guarda-roupa.

Hector fez esse relato numa aula sobre mantras que eu estava dando cerca de dois meses depois de o curso ter sido iniciado. Seus colegas de curso e eu não pudemos deixar de notar que a camisa esportiva de cor clara que ele usava estava completamente seca. Ele disse que ao ouvir falar do longo mantra Rama de cura, ficara motivado a fazer uma tentativa. Hector nos informou que seu temperamento não era o mais apropriado para a postura formal da meditação sentada e que, por isso, ele repetia o mantra com a máxima freqüência possível ao longo do dia. Depois de apenas três semanas, seu problema com a transpiração começou a diminuir. Ele continuou praticando o mantra por mais duas semanas e o problema desapareceu por completo.

Hector chorou um pouco enquanto nos contava sua experiência, mas então sorriu ao colocar a mão em sua camisa de cor creme completamente seca. Ele continua repetindo o mantra porque gosta da sensação que este lhe proporciona.

Mantra Markandeya para infecção viral

Connie já sabia que estava doente quando fez sua visita de retorno ao médico. Com o diagnóstico de broncopneumonia, ela achou que os antibióticos não estavam fazendo efeito depois de tê-los tomado por três semanas. E ela estava certa. Um vírus raro que havia invadido seu organismo estava causando uma perda de cartilagem em todo o seu corpo. Ela não reagiu ao tratamento para essa doença. Com a cara deslavada, o médico disse que ela teria provavelmente seis meses de vida.

Decidida a vencer o vírus, Connie mergulhou de cabeça no mundo das terapias alternativas. Depois de seis meses tentando diferentes métodos terapêuticos com alguns resultados animadores, ela decidiu submeter-se a mais uma terapia não-convencional: o mantra sanscrítico. Ela escolheu o mantra Markandeya, ou mantra Maha-Mrityunjaya, mencionado no Capítulo 3. Ele é considerado um dos mantras de cura mais potentes do mundo.

Eis a lenda clássica em torno de Markandeya e o grande mantra de cura por ele criado.

O sábio Mrikandu e sua esposa viviam como santos, realizando meditações e rituais sagrados com humildade e devoção. Apesar de terem alcançado grande conhecimento, força e sabedoria espirituais, eles não tiveram filhos. Numa meditação que fizeram com a intenção de realizar esse desejo, eles tiveram a visão do próprio Deus Shiva propondo-lhes a escolha entre terem um filho divino que viveria apenas desesseis anos e um filho mau que viveria cem anos. Shiva já sabia bem qual seria a escolha deles e não ficou surpreso quando escolheram a criança divina. Os desejos que eles vinham acalentando durante muito tempo se realizaram e tiveram um filho divino a quem deram o nome Markandeya.

Esse casal altamente espiritualizado tinha muito para ensinar ao filho, inclusive o mantra Gayatri e a cerimônia de adoração *puja* a Shiva, que realizava diariamente com grande devoção. Durante os primeiros quinze anos de vida do filho, eles lhe transmitiram os meios de obter conhecimento espiritual. Nunca mencionaram que teria uma vida curta.

No dia de seu décimo sexto aniversário, Markandeya terminou sua prática do mantra Gayatri e iniciou como de costume seu ritual de adoração a Shiva. No meio da cerimônia, ele sentiu que seu prana começava a abandonar seu corpo e soube imediatamente que estava morrendo. Tomado de medo e aflição, ele pensou em Shiva e em seus pais e lançou seus braços em volta do *lingam* de Shiva, o símbolo da energia e da forma de Shiva. E recitou a seguinte oração:

Om Trayumbakam Yajamahe Sughandhim Pushti Vardanam Urvar-ukamiva Bandhanan Mrityor Muksheeya Mamritat

"Protegei-me, ó Senhor Shiva de três olhos.
Abençoai-me com saúde e imortalidade
e arrancai-me das garras da morte,
assim como um pepino é arrancado
de seu pepineiro."

Shiva apareceu para o menino e fez o seguinte pronunciamento: "É verdade que o seu karma decretou a sua morte aos 16 anos. Entretanto, você ainda não completou seu décimo sexto ano de vida. Faltam ainda alguns minutos. Portanto, eu interrompo o avanço de sua idade neste mesmo instante. Você não vai passar de sua idade atual. Assim, a morte nunca reclamará a sua vida." Dito isso, Shiva desapareceu. Até hoje, nos ensinamentos clássicos do hinduísmo, Markandeya é considerado um dos mestres imortais, cuja morada é no alto do Himalaia.

Com base nesta lenda, surgiu na Índia uma poderosa disciplina espiritual usada para promover a cura. Embora os sacerdotes realizem *pujas* e rituais de fogo para os outros usando este mantra, tradicionalmente a prática deste mantra deve ser realizada pela própria pessoa interessada. Conhecido como mantra Maha-Mrityunjaya, que grosso modo significa "grande mantra que livra o praticante da morte e da doença", nas conversas corriqueiras ele é chamado simplesmente de mantra Markandeya. Ele é eficaz para o alívio de uma ampla variedade de doenças crônicas, inclusive problemas do sistema imunológico. É evidente que não é nenhum substituto para o tratamento médico convencional.

Connie repetiu este mantra 108 vezes pela manhã e à noite durante três meses. Ela melhorou muito. Doze meses depois, ela continua repetindo seu mantra Markandeya diariamente e continua melhorando. Depois de quatro meses de trabalho com o mantra, ela já pôde andar a cavalo. Atualmente, ela leva uma vida ativa e saudável. Recentemente casou-se e o vírus quase desapareceu por completo. Já se passou mais de um ano desde que lhe foram dados apenas seis meses de vida.

A intuição pode guiar você até o seu mantra

Para encontrar o mantra certo para algum problema específico não abordado aqui, experimente praticar cada um dos mantras apresentados neste capítulo. Depois de algumas repetições, um ou dois deles podem soar melhor do que os outros para você. Você pode gostar do mantra Dhanvantre ou de um dos mantras Rama, ou ainda do mantra Markandeya. Procure praticar um deles por um período mais longo — um ou dois dias — para ver se seu corpo e mente respondem.

Uma vez escolhido um mantra, seja disciplinado e diligente. Esteja aberto para os sinais de cura ou as oportunidades que se apresentarem. Se parecer que não está acontecendo nada, uma outra força poderosa que você ainda não consegue perceber pode estar atuando em sua vida. Pode ser que um compromisso assumido por seu espírito antes de ocupar este corpo esteja obstruindo o resultado que você deseja.

No caso de você estar praticando um mantra em favor de outra pessoa, pode ocorrer de ela não estar conseguindo o resultado desejado. Em algumas pessoas, o karma pode estar bloqueando o processo de cura, ou talvez elas tenham como missão kármica viver com uma doença grave. Às vezes, as pessoas que nos são caras são levadas pela morte porque seu tempo de vida nesta encarnação foi cumprido.

As leis kármicas

Certa vez, empreendi uma disciplina de cura em favor de um membro da família que estava com câncer. Foi a mais longa e intensa disciplina que já empreendi em favor de outra pessoa. Recitei os longos mantras de cura Rama diariamente por um período de 120 dias. Minha mulher empenhou-se por essa cura ainda mais arduamente do que eu. Após 40 , 80 e 115 dias de disciplina nós realizamos os rituais de fogo para a cura que eu sabia por experiência serem extremamente eficazes. Eu havia testemunhado tantos acontecimentos quase milagrosos através dos anos, como resultados das práticas de mantras, que estava confiante em que minha parente ia ficar bem. Mas eu estava errado.

Assumi com ela e comigo mesmo o compromisso de empreender uma disciplina de 120 dias. Ela também fazia a sua parte, recitando diariamente um mantra mais curto. Ela morreu EXATAMENTE no 120º dia de minha disciplina. Eu havia literalmente acabado de fazer minha meditação às sete horas da manhã quando o telefone tocou. Era o marido dela comunicando-me que ela havia acabado de morrer. Fiquei atônito.

Alguns dias depois, quando eu já havia me recuperado do choque, sentei-me e entrei em profunda meditação. Meu propósito era entender por que não havia funcionado. Eu tinha tanta certeza de que ela viveria. Onde eu havia errado? Teria minha disciplina sido errada? Depois de algum tempo, começaram a se formar imagens e pensamentos em minha mente de uma maneira extremamente surpreendente e eu acreditei que eram mensagens quanto ao propósito e jornada de vida da minha parente. Vi que nunca fora sua intenção permanecer por muito tempo no corpo que havia acabado de desencarnar e que ela renasceria numa família espiritual maravilhosa com uma vida quase ideal. Muitas coisas que ela havia desejado para a vida que acabara, mas que não haviam acontecido, seriam realizadas na sua próxima encarnação. A sua aceitação do mantra como uma disciplina espiritual — ela não tinha nenhum conhecimento de mantras sanscríticos antes de o câncer manifestar-se — seria grandemente recompensada na sua próxima vida. Todos os esforços empreendidos por ela também se manifestariam em sua próxima encarnação. Como diz o velho provérbio, "Faça a sua parte e entregue o resto a Deus".

A energia espiritual está tão sujeita a leis quanto a energia física e todos nós sabemos que energia é algo que nunca se perde. Portanto, esteja certo de que seus esforços jamais são em vão. Pela prática de seu mantra, seja em favor de você mesmo ou de outra pessoa, você mobilizou forças que produzirão um efeito positivo em algum ponto da cadeia. Para os propósitos de cura, eu aprendi a acrescentar no final de todas as minhas orações, "Que se faça, no entanto, a Tua Vontade, Senhor, e não a minha".

8

Mantras para Dominar o Medo

Como era de se esperar do autor de *Alice no País das Maravilhas*, Charles Dodgson (Lewis Carroll) era um filósofo criterioso, se não excêntrico. Dodgson acreditava que a felicidade só é possível no passado: a felicidade é mais lembrada do que conhecida no momento presente. A consciência dela no momento em que ocorre acabaria por introduzir um elemento de distanciamento intelectual que é contrário à verdadeira felicidade. Em outras palavras, a autoconsciência destrói a espontaneidade, e essa é essencial para se sentir realmente o prazer do momento.

Mas se a felicidade só pode existir no passado, talvez o medo só possa existir no presente. Considere simplesmente algumas coisas que realmente lhe causaram medo em diferentes momentos de sua vida. Você teve medo de insetos? De fantasmas? De perder o pé na piscina? De não ter com quem dançar no baile de estudantes? Apesar de conseguir recordar como foi que sentiu esses medos, é mais provável que não consiga senti-los agora com a mesma intensidade de quando eles ocorreram na realidade. Além do mais, as coisas das quais você tem medo hoje provavelmente parecerão tão inofensivas quando olhar para elas através de uma distância de anos — o que não quer dizer que não sejam assustadoras agora.

Saber lidar com o medo não significa livrar-se dele. Existem pessoas que infringem as leis e que nem por isso têm medo de morrer, mas essa não é uma atitude mental que devemos aspirar. Um burro faminto continuará comendo até ficar doente, sem levar em conta a presença de lobos, uma possível chuva de granizo ou um forte golpe de bastão. O burro venceu seu medo, mas essa é uma conquista negativa. Ele pode não ter medo, mas tampouco é capaz de ter uma vida plena.

Podemos não saber defini-las com precisão, mas intuitivamente reconhecemos as diferenças entre os atos impulsivos e as coisas que se tornam possíveis quando o medo é dominado e substituído pela coragem, pela esperança ou pelo amor. O medo nem mesmo precisa ser substituído. É o nosso medo do medo que atrapalha. Aristóteles deve ter tido isso em mente quando escreveu, "Uma pessoa verdadeiramente corajosa não é alguém que nunca sente medo, mas alguém que teme a coisa certa, na hora certa e da maneira certa".

Relatórios da NASA provam que seus astronautas não tiveram absolutamente nenhum medo em situações extremamente arriscadas. Eles encaixam-se perfeitamente na visão de Aristóteles. Como exploradores que sabiam estar se arriscando muito, os astronautas, quando confrontados subitamente com situações imprevistas de perigo, não se mostravam amedrontados como a maioria de nós ficaria diante das mesmas situações. Eles simplesmente faziam o que achavam ser mais eficaz e ficavam atentos a outras possíveis soluções para seus problemas e perigos. A lição importante disso é que há ocasiões em que uma atitude impulsionada pelo medo não ajuda, mas apenas atrapalha.

Por outro lado, a energia do medo também pode ser útil. Para alguns atores, o medo do palco é útil. Na maioria das vezes, o ator é assaltado por esse medo no momento anterior à entrada em cena. Uma vez ali, a energia do medo do palco impulsiona seu desempenho.

Portanto, este capítulo não vai mostrar como usar mantras para simplesmente banir o medo. Em vez disso, os mantras apresentados são para que você possa lidar bem com o medo, proteger-se interiormente pela consciência do objeto ou situação temida e até mesmo utilizar o medo para alcançar propósitos importantes. O medo é uma forma de energia muito poderosa e nada que tenha tal poder deve ser negligentemente descartado, mas transformado se possível.

Tolstói disse que todos os medos, mesmo os mais banais, são na realidade medos da morte. Mas a morte é uma palavra, não um pensamento. O medo da morte é, na realidade, o medo da impotência. O medo comum da morte é o medo de perder todo o poder.

Os ensinamentos orientais sobre a morte são bem diferentes da visão ocidental. No Ocidente, a morte é considerada um fim; no Oriente, a morte é simplesmente uma outra porta que o espírito adentra quando o seu tempo nesta encarnação chegou ao fim. Logo haverá outro nascimento e outro corpo. Não é de surpreender, portanto, que nas famílias tradicionalmente religiosas do Oriente, a morte possa ser vista com respeito, mas não temida. O respeito é pela marcha inevitável em direção a um tempo e um lugar desconhecidos, mas o medo da morte como um fim não existe.

O medo da impotência manifesta-se na forma de inação e imobilidade — física, emocional e espiritual —, que são muito mais perigosas do que o próprio medo. Esse é o medo de um veado imobilizado diante dos faróis de um carro, aguardando o impacto e, por continuar paralisado, torna o impacto inevitável. Quem domina o medo empenha-se para conseguir o máximo possível de cada momento. O que essa pessoa teme é não encontrar e realizar o propósito que a trouxe para esta vida. Ela teme o impulso de querer dominar outras pessoas ou de ser dominada por elas. Teme dar mais importância às aparências do que às realidades. Teme considerar-se mais importante do que as pessoas que dependem dela. E, sobretudo, ela usa esses medos como fontes de energia para sua evolução e transformação pessoal e espiritual. Este é o propósito último de todos os mantras: combater e transformar o medo.

Segundo um ditado oriental, "O medo é o princípio do saber". Você pode pressentir o perigo antes de apreendê-lo conscientemente. Um estado de nervosismo ou um pressentimento comunica à mente consciente que algo não está bem, que alguma ameaça está se preparando ou está por acontecer.

Estudos clínicos da Universidade de Michigan, conduzidos por R. B. Zajonc em 1979, corroboram a conclusão de que existem dois sistemas de conhecimento independentes operando no corpo e na consciência dos seres humanos. Um deles baseia-se na percepção e outro no sentimento. As pesquisas constataram que esses dois sistemas de conhecimento não operam nem ao mesmo tempo nem em todas as situações. As descobertas explicam por que temos aquela sensação estranha de que algo está errado sem que exista nenhum motivo concreto possível de ser apontado. O sistema de conhecimento baseado no sentimento está dizendo ao corpo que algo não está bem. A mente consciente capta essa informação e começa a processá-la ou refletir sobre ela. O aparato sensorial fica em estado de alerta enquanto examinamos nossa situação, tentando reconhecer conscientemente o que nosso sistema baseado no sentimento está nos dizendo. No Ocidente, nos referimos às vezes a esse fenômeno como intuição.

O sistema intuitivo de conhecimento não é absolutamente mais perfeito do que o baseado na percepção. Exatamente como podemos analisar e chegar a conclusões totalmente falsas, também podemos sentir um medo ou ansiedade que acaba revelando não ter nenhum fundamento na realidade. Portanto, para lidarmos com o fenômeno do medo, temos que empregar a mesma abordagem filosófica utilizada pela medicina alopática, ou seja, tratar os sintomas.

O primeiro antídoto recomendado contra o medo é um mantra para invocar proteção. Os mantras subseqüentes são remédios para tipos específicos de medo. Por fim, trabalharemos para transformar a energia do medo. Como os mantras para a cura, a maioria dos mantras para lidar com o medo são de natureza genérica. Um mantra genérico pode, entretanto, atuar sobre circunstâncias específicas se a intenção é clara. O incidente seguinte ilustra esta questão.

Quando a pessoa está precisando de proteção

Como a maioria dos estudantes universitários, Rick gostava de *rock and roll*. Quando uma de suas bandas preferidas estava programada para aparecer no cenário local, ele e um amigo compraram ingressos com três meses de antecedência. Em seguida, Rick inscreveu-se em um de meus cursos de mantras para lidar com os problemas de sua vida. Atraído imediatamente para as três deusas orientais Durga, Lakshmi e Saraswati, Rick decidiu dedicar uma disciplina clássica de quarenta dias a cada uma delas. Ele queria despertar as poderosas qualidades femininas que elas representam no interior de si mesmo: Lakshmi, a abundância; Durga, a proteção; e Saraswati, o conhecimento.

Durga é considerada, na Índia, como símbolo da proteção divina. Montada num leão ou tigre, sua beleza é admirável mesmo com seus cem braços, cada um portando uma arma diferente. O folclore a descreve como sendo bela para os devotos da verdade e horrenda para as forças demoníacas que tentam prejudicar as pessoas boas que confiam nela.

Rick estava no meio de sua disciplina de quarenta dias devotada a Durga quando chegou a hora do concerto marcado. Quando ele e o amigo entraram no estacionamento, Rick sabia que algo não estava bem. Uma tensão aumentava em seu plexo solar. Quanto mais eles avançavam dentro do estacionamento, mais forte era a tensão, até que ele começou a sentir uma forte pressão no estômago. Ele lembrou-se de seu mantra pedindo proteção a Durga e começou a recitá-lo silenciosamente, sem fazer nenhuma idéia do que estava por acontecer.

Om Dum Durgayei Namaha

Rick continuou recitando o mantra em silêncio enquanto rodavam pelo estacionamento à procura de uma vaga. Também sentindo-se nervoso, o amigo de Rick pediu que ele seguisse dirigindo através das pistas do estacionamento até a entrada do palco onde o espetáculo aconteceria. Rick concordou e, sussurrando o mantra, conduziu o carro por um caminho ziguezagueante. Pressentindo de vez em quando que havia algo de errado, ele mal conseguiu evitar atropelar um bêbado encrenqueiro bebendo na fileira seguinte do estacionamento. Manobrando rapidamente o carro para fora da pista, ele viu uma mulher deitada no chão com as mãos no estômago. Mesmo querendo seguir em frente, algo no seu íntimo o impediu. Quando ele parou e curvou-se sobre a mulher, ela lhe disse que se sentira mal e queria ir embora, mas fora vencida pela náusea. Instintivamente, Rick pegou a mão da mulher e começou a recitar o mantra Durga. Dentro de alguns minutos, ela estava se sentindo melhor e pôde entrar no carro e ir embora dali.

Dando voltas e mais voltas para passar de uma fileira para outra, e ainda recitando o mantra, Rick e seu amigo conseguiram avançar até a entrada. Em certo momento, Rick viu um policial dispersando uma fileira de carros colados um ao outro, e outro policial avisando a um grupo que estava fumando algo ilegal que havia policiais rondando o lugar. Dentro de mais cinco minutos, eles estavam acomodados em seus lugares. Mais tarde, quando perguntei a Rick se havia gostado do concerto, ele respondeu "Adorei. Mas acho que Durga estava protegendo todos os tipos de pessoas". Dificilmente eu poderia discordar.

Este mantra é fácil de dizer e memorizar. Deixe que o poder da energia feminina da proteção, personificado em Durga, esteja sempre à mão em sua caixa de ferramentas espirituais, facilmente acessível nos momentos de necessidade como foi para Rick.

O seguinte é um mantra mais específico para o medo.

Mantra para afastar os fantasmas ou o medo de espíritos malignos

Shiva é a personificação da consciência no estado mais expandido de ser e poder de realização. Segundo os ensinamentos orientais, essa consciência eleva-se das esferas inferiores habitadas por fantasmas, espíritos desencarnados, duendes travessos e demônios até as esferas celestiais habitadas por sábios e santos. Este mantra ordena aos espíritos ou entidades que não se encontram em seu devido lugar que retornem ao plano de consciência que lhes é próprio.

Om Apa-sarpantu Tae Bhuta Yei Bhuta
Bhuvi Sam-stitaha
Yei Bhuta Vigna Kartara
Stei Gachantu Shiva Ajnaya

"Que os espíritos que estão assombrando esta área desapareçam e jamais retornem, por ordem de Shiva."

O poste de luz

A seguinte fábula antiga demonstra a extensão infinita da consciência: Brahma e Vishnu, quando um dia percorriam as grandes extensões do universo, chegaram a um poste de luz. Ele estendia-se tanto para cima quanto para baixo até perder-se de vista. Curiosos a seu respeito, eles decidiram que cada um ia seguir em uma de suas direções, encontrar o ponto de partida e retornar para comparar o que haviam observado.

Decidido isso, eles voaram rapidamente como era típico de seu estado elevado de ser. Depois de muitas eras de vôo sem conseguir visualizar o fim do poste de luz, Vishnu retornou ao lugar onde ele e Brahma o haviam visto pela primeira vez. Logo depois de seu retorno, Brahma também retornou ao ponto de partida. Vishnu falou primeiro, dizendo, "Não consegui encontrar o começo". Mentindo, Brahma respondeu que havia encontrado uma ponta do poste. Assim que Brahma concluiu sua afirmação mentirosa, o poste transformou-se em Shiva, que lhes falou: "Brahma mentiu. Eu, Shiva, sou o poste de luz e a consciência que não tem nem começo nem fim."

Por ter mentido, Brahma deixou de ser objeto das cerimônias sagradas. Na Índia de hoje, existem muito poucas cerimônias, ou *pujas*, devotadas a Brahma. A lição que se tirou disso para a humanidade é que o poder costuma levar o ego a se afirmar de maneiras negativas. O trabalho de Vishnu de estar sempre ensinando e promovendo a evolução da consciência mantém automaticamente o seu ego sob controle através do serviço aos outros.

Nos círculos de iniciação esotérica, o poste de luz é considerado a coluna vertebral humana: a sede da consciência e o caminho da evolução simultaneamente. Shiva é esse estado de consciência, que é a nossa natureza essencial, com domínio sobre todos os estados inferiores de consciência representados por todos os seres, sejam eles reais ou imaginários. Portanto, quando uma força negativa recebe a ordem de Shiva para abandonar a área, por meio do mantra Shiva descrito anteriormente, o efeito é poderoso.

Mantra para remover o medo da solidão e trazer companhia

Se você é uma pessoa que valoriza a amizade, jamais ficará sem amigos ou companhia. Este mantra ajuda a desenvolver a energia da amizade dentro de você.

Om Hraum Mitraya Namaha

*"Que a luz da amizade brilhe por todo o meu ser,
atraindo para mim pessoas dignas."*

Mantra para transformar a energia do medo

Outro modo de eliminar o medo é transformando-o. Quando o medo é devolvido à sua fonte original na consciência, sua energia é liberada e torna-se disponível para ser usada de forma criativa e produtiva.

Shante Prashante Sarva Bhaya Upasha Mani Swaha

"Invocando a paz suprema, ofereço [devolvo] a qualidade do medo à sua fonte na mente universal superior e informe. Saudações."

Esse modo de transformar o medo baseia-se na idéia de dispersão, que considera o medo uma concentração de energia numa forma indesejável. Uma vez dissipada essa concentração de energia, torna-se possível um estado de verdadeira serenidade — o estado que, em sânscrito, é conhecido como *shanti.*

9

Mantras para Dominar a Raiva e Outros Estados Interiores Indesejáveis

Todos nós temos algumas características que gostaríamos de poder mudar. Estados emocionais como o desespero, a tristeza, o ciúme e a raiva podem ser perturbadores e destrutivos em nossa vida. A raiva pode afastar definitivamente outras pessoas. Uma pessoa raivosa pode ter dificuldades para encontrar e manter um emprego. Uma pessoa ciumenta pode achar que as relações são passageiras e complicadas, por mais que se demonstre o contrário. Uma pessoa orgulhosa ou arrogante pode acabar sozinha porque age como se fosse "muito superior a todas as outras".

Os efeitos externos desses e de outros estados interiores podem ser semelhantes, mas as causas são um pouco diferentes. Nos mantras sanscríticos, os nomes desses estados interiores correspondem às vibrações que eles representam. Para designar a raiva, a palavra sanscrítica é *krodha*. Mesmo que nunca tenha ouvido esta palavra, é possível que você sinta uma certa contração no corpo sutil ao lê-la. Essa contração é desagradável e contraprodutiva para uma vida exterior tranqüila e bem-sucedida. Se você sabe qual é o estado interior que está causando um determinado problema, existe uma grande probabilidade de os mantras poderem ajudá-lo a lidar com ele.

Como às vezes é difícil distinguir claramente um determinado estado interior, um bom amigo, cônjuge, guia espiritual ou psicoterapeuta pode ajudar. Se recentemente você perdeu uma pessoa querida, a dor da perda e a raiva podem ser facilmente identificadas como causadoras das dificuldades. Se uma relação caracteriza-se por brigas constantes, pode haver mais de uma causa. Por exemplo, um dos parceiros pode ser excessivamente controlador enquanto o outro sofre de indecisão. Embora seja difícil diagnosticar tais características interiores, fica mais fácil se você ou a pessoa com o problema quiser realmente libertar-se.

Quando a pessoa quer realmente se libertar, as fórmulas dos mantras sanscríticos podem ser extremamente úteis. Tendo reconhecido esses estados interiores há milhares de anos, os sábios e profetas passaram adiante mantras sanscríticos que podem ajudar a reduzir e até eliminar a raiva e outros estados emocionais indesejados. A fórmula básica usada para reduzir ou eliminar a raiva também serve para eliminar outros estados interiores que podem estar em seu caminho, como mostraremos mais adiante.

Estados habituais e crônicos

Antes de tratarmos das fórmulas, seria bom lembrar que esses estados interiores são classificados como estados crônicos. Se o problema é a raiva, ela não começa a se manifestar subitamente de um dia para outro. Normalmente ela fundou seus alicerces já no início da nossa vida e, depois, tornou-se parte da nossa personalidade. Devemos, portanto, notar duas coisas: a primeira é que, em algum nível, a raiva tornou-se um hábito; e a segunda é que os hábitos tendem a "se preservar."

As pessoas que tentam parar de fumar conhecem bem os problemas que isso acarreta: a decisão de largar, a eventual recaída no hábito e o propósito de parar novamente, mas com repetidos fracassos. O motivo disso é o fato de o hábito ter criado seu próprio centro energético no interior da pessoa. O fumante, ao quebrar o hábito, está na realidade tentando desviar a energia que se cristalizou de uma forma negativa. Há uma sabedoria contida no chavão da psicologia: "Descubra a sua raiva para nela encontrar a sua energia."

O modo sanscrítico de mudar os estados interiores indesejados está diretamente relacionado com a mudança do padrão energético. A vibração do mantra vai diretamente ao estado negativo e começa a dissolvê-lo. Como resultado disso, pode ocorrer algum "drama" externo em algum momento do processo em que o centro de energia "se defende". Podemos sentir muita raiva por algum motivo banal. Essa reação pode ser mais fraca ou mais intensa, dependendo das particularidades da pessoa e da profundidade do problema.

Para mudar uma condição crônica, a prática de mantras é usada em três etapas. Tomando o tratamento médico como referência, podemos descrever esse processo da seguinte maneira:

- Intervenção vibratória ou cirúrgica, que ocorre no período de dias ou semanas em que o estado é transformado;
- Um emplastro ou ungüento, que começa a reorganizar a energia num novo padrão positivo;
- Uma bandagem, que lentamente torna-se a nova pele, protegendo o lugar em que ocorreu a transformação.

Intervenção cirúrgica

O mantra mais eficaz para transformar esses estados interiores é:

Shante Prashante Sarva – Upasha Mani Swaha

As duas primeiras palavras referem-se à palavra sanscrítica que significa paz, *shanti*. *Sarva* refere-se à causa da condição que estamos tratando e que é para ser ofertada ou entregue. *Upasha Mani* significa sujeição do aspecto menor da mente à "mente informe" do universo. *Swaha* significa "Eu ofereço com saudações". Assim, o sentido superficial do mantra é: "Invocando a paz suprema, eu ofereço (entrego) a qualidade de____________ à sua fonte na mente superior e informe do universo. Saudações."

A palavra sanscrítica que corresponde à raiva, conforme já mencionamos, é *krodha*. O mantra para eliminar a raiva é, portanto:

Shante Prashante Sarva Krodha Upasha Mani Swaha

Em 1977, dediquei-me à prática deste mantra por um período de quarenta dias para combater um estado interior de irritabilidade. Eu estava vivendo em condições extremamente difíceis, com poucas possibilidades de relaxar e recuperar o meu centro. Apesar de haver bons motivos para o estado em que me encontrava, não havia nada que justificasse meu "pavio curto" com as outras pessoas. Eu simplesmente não estava gostando nada do comportamento que estava tendo nesse período e concluí que havia formas de reação e comportamento muito mais positivas, por mais difícil que fosse a situação.

Depois de quarenta dias praticando o mantra, o estado de irritabilidade diminuiu bastante. Cheguei mesmo a fazer as pazes com uma pessoa com quem eu vinha implicando há algum tempo. Com o início desse período de trégua, nós descobrimos que tínhamos muitas coisas em comum e nos tornamos grandes amigos. Uma das lições que eu tirei disso tudo foi que, devido ao estado emocional em que me encontrava, eu havia sido incapaz de ver aquela pessoa como um possível bom amigo, apesar de vê-la todos os dias. Qualquer um desses estados emocionais pode nos tornar temporariamente cegos para as coisas boas que estão bem diante do nosso nariz.

O uso de um bálsamo

Apesar de a disciplina ter sido bem-sucedida, eu me sentia um tanto bisonho quando a terminei. Em todos esses anos de prática, acabei descobrindo alguns mantras que funcionam como um bálsamo suavizante para essa bisonhice. Agora que já conheço um número maior de mantras e tenho uma melhor compreensão de como eles atuam, tenho condições de ajudá-lo a suavizar seus esforços para mudar os estados interiores negativos.

Temos aqui um mantra para facilitar o processo de transformação de um padrão de energia negativa em positiva. Ele vai suavizar a mudança de sua energia para um estado novo e agradável. Você poderá praticar este mantra por um período de quarenta dias depois de praticar o mantra "intervenção cirúrgica". Um pouco mais adiante, vou descrever uma prática completa de sessenta dias desses três mantras, incluindo o seguinte:

Om Sri Maha Lakshmiyei Swaha

"Om e saudações. Eu invoco o Grande Princípio Feminino da Grande Abundância."

A energia da abundância é *Lakshmi,* em sânscrito. *Maha* pode significar "grande" em certos contextos e, em outros, refere-se ao chakra do coração. Aqui, ambos os empregos são apropriados.

Em geral, considera-se a abundância como sendo mera prosperidade, mas é muito mais do que isso. O significado essencial é *toda forma de abundância.* Portanto, a abundância pode ser de amigos, de comida, de saúde, de boas relações familiares e assim por diante. O estado supremo de abundância é o amor. Ele é o ápice de tudo o que é bom e abundante.

O mantra da grande abundância pode ser usado como um lenitivo. Ele torna-se um bálsamo que suaviza o padrão de energia que acabou de ser transformado, mas deixou um vazio na personalidade. A personalidade tem de se ajustar à ausência do modo de comportamento anterior. A mente e a personalidade têm de acompanhar as mudanças ocorridas no padrão de energia. Este mantra é de grande ajuda no sentido de tornar pacífica e harmoniosa essa transição para estados novos e positivos de energia.

O mantra "bandagem" para criar uma nova pele

O processo de transformar um velho padrão energético num novo requer agora um último mantra "bandagem". Esse mantra é muito simples e pode ser praticado por um período de quarenta dias, depois de concluídas as práticas do mantra "intervenção cirúrgica" e do mantra da grande abundância Lakshmi, ou ainda pode ser incluída na prática de vinte+vinte+vinte dias que explicitarei mais adiante.

Om Shanti Om

"Om, Paz Dinâmica, Om."

Om é o som seminal do centro frontal, o lugar em que as energias masculina e feminina se encontram. *Shanti* significa paz num sentido dinâmico: não uma mera concha vazia, mas uma paz forte e ativa que se irradia para fora. Este mantra dá uma energia inteiramente nova para a personalidade trabalhar em harmonia com a energia Lakshmi. No nível energético, a combinação desses dois mantras preenche inteiramente o centro da raiva cristalizada com uma vibração nova e positiva.

Modos de praticar

Conforme explicamos no Capítulo 3, a prática de mantras é tradicionalmente realizada em uma das duas seguintes modalidades: a disciplina de quarenta dias ou a meta de um determinado número de repetições. Para obter melhores resultados na transformação de um padrão profundamente arraigado, o primeiro mantra deve ser recitado o mais freqüentemente possível por um período de quarenta dias consecutivos e o segundo por outro período de quarenta dias e o último por mais quarenta dias. A disciplina completa envolverá, portanto, um total de 120 dias.

Uma abordagem menos extensa, porém mais incrementada, também pode funcionar. Em vez de recitar cada mantra o máximo possível de vezes durante quarenta dias, recite-o durante vinte dias e passe para o seguinte. O programa total levará sessenta dias. Então pare e veja o que acontece. Eu costumo referir-me a essa modalidade como "método 20+20+20".

Não inicie outra prática como essa por pelo menos duas semanas. Isso lhe proporcionará certo distanciamento para avaliar seu progresso. Também dará um descanso à sua mente e personalidade. Elas se esforçaram arduamente. Dê-lhes agora uma pausa para descansar. Depois de duas semanas, se você vê algum progresso que o inspira e gostaria de prosseguir trabalhando com o mesmo ou outro estado, recomece a prática.

Uma abordagem bem leve

Se você é daquelas pessoas que preferem colocar o pé na água antes de mergulhar, outro modo de começar a experimentar mantras para mudar estados interiores negativos e crônicos é reservar um tempo duas vezes por dia para praticar. Use o método 20+20+20, mas em lugar de repetir o mantra o máximo de vezes possível, repita-o 108 vezes pela manhã e outras tantas à noite. Nos primeiros vinte dias, trabalhe com o primeiro mantra duas vezes por dia em vez de durante todo o dia enquanto realiza suas atividades corriqueiras. No segundo período de vinte dias, trabalhe com o mantra "bálsamo" ou "ungüento" da mesma maneira: 108 repetições duas vezes por dia. No terceiro período de vinte dias, faça o mesmo com o mantra Shanti. Essa disciplina de sessenta dias vai proporcionar-lhe uma boa prova dos mantras e de como eles funcionam. Os resultados variam de pessoa para pessoa.

Outros estados interiores

Até agora tratamos apenas da raiva como estado emocional a ser mudado. A lista abaixo apresenta muitos outros em português e sânscrito. O "primeiro" mantra específico para cada estado energético é indicado. A lista aplica-se apenas à primeira parte de seu programa de trabalho. As outras duas partes permanecem exatamente iguais, empregando o mantra Lakshmi e o mantra Shanti.

Mantras para estados interiores específicos

Raiva (em geral)	*Krodha*	*Shante Prashante Sarva Krodha Upasha Mani Swaha*
Raiva (entre duas pessoas)	*Mah-na*	*Shante Prashante Sarva Mah-Na Upasha Mani Swaha*
Orgulho	*Mada*	*Shante Prashante Sarva Mada Upasha Mani Swaha*
Inveja	*Matsarya*	*Shante Prashante Sarva Matsarya Upasha Mani Swaha*
Ignorância/Ilusão	*Moha*	*Shante Prashante Sarva Moha Upasha Mani Swaha*

Avareza	*Lobha*	*Shante Prashante Sarva Lobha Upasha Mani Swaha*
Desejo obsessivo	*Kama*	*Shante Prashante Sarva Kama Upasha Mani Swaha*
Desconfiança/Suspeita	*Avish-Vasa*	*Shante Prashante Sarva Avish-Vasa Upasha Mani Swaha*
Vergonha	*Laja*	*Shante Prashante Sarva Laja Upasha Mani Swaha*
Inconstância	*Pishu-Nata*	*Shante Prashante Sarva Pishu-Nata Upasha Mani Swaha*
Medo	*Bhaya*	*Shante Prashante Sarva Bhaya Upasha Mani Swaha*
Ciúme	*Irsha*	*Shante Prashante Sarva Irsha Upasha Mani Swaha*
Aversão/Asco	*Ghrina*	*Shante Prashante Sarva Ghrina Upasha Mani Swaha*
Arrogância	*Dambha*	*Shante Prashante Sarva Dambha Upasha Mani Swaha*
Presunção	*Ahankara*	*Shante Prashante Sarva Ahankara Upasha Mani Swaha*
Mágoa	*Shoka*	*Shante Prashante Sarva Shoka Upasha Mani Swaha*
Desânimo/Depressão	*Kheda*	*Shante Prashante Sarva Kheda Upasha Mani Swaha*
Agitação	*Sam-Bhrama*	*Shante Prashante Sarva Sam-Bhrama Upasha Mani Swaha*
Preguiça	*Shu-Shupti*	*Shante Prashante Sarva Shu-Shupti Upasha Mani Swaha*
Tristeza	*Vishada*	*Shante Prashante Sarva Vishada Upasha Mani Swaha*
Falsidade	*Kapata-Ta*	*Shante Prashante Sarva Kapata-Ta Upasha Mani Swaha*

Nem estes mantras nem os programas de 60 e 120 dias devem jamais ser impostos a ninguém. Não se deve nem tentar persuadir alguém a praticá-los. Se você se sentir atraído a usar estas fórmulas de mantras, inicie a sua disciplina. Se você achar que alguém poderia ser beneficiado por esse método de mudança dos estados emocionais, recomende-o. Mas lembre-se de que estará atuando sobre o karma. Isso significa que nada deve ser forçado. Como dizem os orientais, "Não se pode arrancar a pele de uma cobra. Ela tem de cair por si mesma".

Mantra para reduzir o medo e a raiva e para a libertação espiritual

Eis outro mantra para transformar o medo e a raiva. Este importante mantra era praticado pelo Mahatma Gandhi desde quando era menino.

Om Sri Rama Jaya Rama, Jaya Jaya Rama

"Om a Rama e sua consorte [representada por Sri] vitória a Rama, vitória, vitória outra vez a Rama."

O nome deste mantra é Taraka, que significa "aquele que nos transporta através" do oceano do renascimento. Os sons que compõem o mantra são os seguintes:

Om é o mantra que corresponde ao som seminal do centro frontal, localizado no ponto que fica entre as sobrancelhas e dois centímetros acima. *Sri* é um mantra tanto de saudação como de ativação do poder feminino situado na base da coluna. *Rama* refere-se ao sétimo avatar de Vishnu em um contexto, e ao ser divino que existe em todos nós, em outro. *Jaya* significa vitória.

Como a libertação da cadeia de renascimentos é a meta fundamental da religião hinduísta, o mantra Taraka comumente é praticado pelos hindus ortodoxos com essa finalidade.

Mahatma Gandhi aprendeu-o com sua babá quando criança. Não foi nenhum mestre espiritual famoso que ensinou a ele este mantra. A fé simples porém intensa de sua babá imbuiu o mantra de poder.

Por sua devoção à verdade e à não-violência, Gandhi lutou pela independência de seu país e a conquistou. O fato de ele ter aprendido este mantra com a babá, e não de um mestre renomado, ilustra um ponto importante: que, em última análise, o poder de todo mantra advém da sinceridade e devoção de quem o pratica.

Gandhi recitou este mantra diariamente durante toda a sua vida. No momento de sua morte, ele pôde ser ouvido sussurrando "Oh! Ram". Na

Índia, é uma aspiração tradicional a pessoa recordar seu ideal espiritual na hora da morte. De acordo com as escrituras védicas, essa é a Lei do Último Pensamento e é considerada como de grande importância na determinação da próxima encarnação. Ao morrer, Gandhi estava concentrado na sua verdade espiritual. No caso dele, talvez a reencarnação não fosse mais necessária.

10

Mantras para Atrair Abundância e Prosperidade

No Capítulo 9, mencionamos a idéia de que a abundância está na mente de quem a vê. Nossos próprios valores, necessidades, esperanças e temores definem o significado da abundância para cada um de nós. E essas características individuais, por sua vez, são definidas pela cultura em que vivemos.

A prática de mantras com propósitos terapêuticos teve origem nas comunidades agrárias, onde o significado da abundância muitas vezes era simplesmente ter algo para comer. Mesmo que a maioria de nós viva com bastante conforto no plano material, temos necessidades espirituais que precisam ser satisfeitas. Para uma criança que cresce num lar dominado pelo conflito e pela violência, a paz e a harmonia representam a verdadeira abundância. Para uma pessoa idosa, isolada de um mundo de mudanças aceleradas, a abundância está na companhia de alguém com quem possa compartilhar suas lembranças. Para o deficiente físico, a amizade baseada no que ele é, e não no que ele é capaz de fazer, constitui uma outra forma de abundância.

Intenção e procedimento

Como a abundância tem um significado particular para cada pessoa, a intenção que cada uma coloca na prática de mantras é extremamente importante. A prática de um mantra sempre energiza os chakras, mas a maneira como a energia vai se manifestar no corpo e na mente da pessoa depende da força das ordens que ela emite enquanto intenções conscientes e subconscientes. Os autores dos textos antigos tinham plena clareza disso e recomendam que identifiquemos claramente nossos desejos para podermos alcançar os resultados desejados.

Eu costumo sugerir a meus alunos que anotem numa folha de papel os resultados que desejam, dobrem-na cuidadosamente e coloquem-na no lugar que escolheram para praticar o mantra com mais freqüência. Você pode também recitar o mantra em qualquer lugar: enquanto dirige o carro a caminho do trabalho, por exemplo, ou enquanto realiza as tarefas domésticas. Mas eu recomendo pelo menos uma sessão de meditação por dia no lugar escolhido para essa finalidade. Nessas ocasiões, concentre seus pensamentos na sua definição pessoal de abundância antes de começar. Aos poucos, sua aspiração pessoal vai se manifestar automaticamente toda vez que você recitar o mantra — mas isso só ocorrerá se você criou essa relação entre estímulo e resposta. Portanto, é extremamente importante definir o que exatamente significa abundância para você desde o começo da prática.

Os mantras para certas finalidades, como a saúde e a cura, parecem ter um sentido surpreendentemente genérico. O mesmo acontece com os mantras para a abundância, como os apresentados abaixo. Também neste caso, se for possível, é melhor usá-los numa prática de meditação concentrada de dez a vinte minutos por dia, durante um período de quarenta dias.

O principal mantra da abundância

Uma vez que as tradições védica e oriental costumam descrever o poder em termos femininos, não é de surpreender que o principal mantra para a abundância seja atrair a energia feminina.

Om Shrim Maha Lakshmiyei Swaha

Om, como você deve lembrar, é o som seminal do sexto chakra, onde as energias masculina e feminina se encontram no centro situado na fronte. Como *Om* representa uma conjunção de vontade e som, ele é comumente usado como um prefixo a todos os tipos de mantra. Dos milhões de mantras que surgiram no Extremo Oriente nos últimos cinco mil anos, mais do que 95% deles começam com *Om*.

Shrim é o som seminal que corresponde ao princípio da abundância, representado pela deusa Lakshmi no panteão hinduísta. Comumente ela é vista sentada ou de pé sobre uma flor de lótus, extraordinariamente bela, com uma corrente de moedas escorrendo da mão. Atrás da deusa, elefantes brincam, com as trombas erguidas. O elefante é um símbolo tradicional da boa sorte e as trombas erguidas indicam uma tendência para conservar a boa sorte e não deixá-la cair no chão.

Maha significa "grande". Neste contexto, denota tanto quantidade como qualidade. Quando falamos aqui na qualidade da abundância, estamos nos referindo à sua harmonia com o dharma ou lei divina. Abundância de qualquer outra espécie é mais um fardo do que uma bênção. Imagine, por exemplo, que alguém lhe dê de presente uma grande quantidade de dinheiro. Você tem então recursos financeiros em abundância — mas se o dinheiro foi roubado você pode ser envolvido no crime. O prefixo *Maha* tem a intenção de evitar esse tipo de dificuldade.

Lakshmi, repetimos, é o princípio da abundância. Essa deusa é uma força feminina tão poderosa que o uso contínuo de seu nome sanscrítico gera grande energia criativa. Porém, mais simplesmente, ela é a personificação da abundância. Ela leva erguida a tocha da prosperidade em todas as suas formas e para todos os seres.

Swaha, neste contexto, significa "Eu saúdo". Também está relacionado com a manifestação da energia do chakra do plexo solar. Os mantras existem nas formas masculina, feminina e neutra. Aqui, *Swaha* indica uma terminação feminina.

Este mantra pode ser usado para se obter abundância em quase todas as formas. Se puder, comprometa-se com um programa de quarenta dias. É melhor reservar trinta minutos mais ou menos por dia para recitá-lo em silêncio. Das outras vezes, repita o mantra o mais freqüentemente possível.

Quando tiver um problema relacionado com a abundância, lembre-se de que a natureza genérica do mantra fará imediatamente com que os chakras comecem a processar novos níveis de energia. A kundalini começará a transmitir a energia relacionada ao princípio que você estiver invocando com o mantra. Você estará atraindo energia de seu entorno espiritual, mas terá também de focalizar seus esforços mentais para ter clareza do que deseja. Como diz o ditado, "Devemos tomar cuidado com o que pedimos, pois podemos consegui-lo".

Um exemplo pessoal

Depois de 25 anos de prática com mantras quase exclusivamente com propósitos espirituais, eu não havia usado nenhum especificamente para ter prosperidade. Apesar de ter me ajudado uma vez a encontrar trabalho, acredite se quiser, nunca me ocorreu praticar mantras para obter ganhos materiais... até o dia em que as coisas começaram a ficar pretas financeiramente. Então, decidi que deveria colocar em prática o que eu vinha ensinando sobre como alcançar a prosperidade.

Comecei a praticar o mantra básico indicado aqui. E a anotar diariamente no meu diário quantas vezes eu o repetia. Decidi empreender a disciplina clássica de quarenta dias. Iniciei também um diário, no qual, além de anotar o número de repetições que fazia a cada dia, eu colocava a descrição das minhas necessidades.

Costumo passar horas praticando mantras. Isso passou a fazer parte da minha vida de tal maneira que consigo me concentrar num mantra e ainda assim realizar normalmente minhas atividades cotidianas. Uma parte minha, entretanto, está sempre recitando um mantra. Para alcançar a prosperidade, o mantra que pratiquei foi o *Maha Lakshmiyei.*

Depois de ter trabalhado com o mantra por uma semana, alguns amigos me telefonaram para dizer que tinham uma barraca na Whole Life Expo de San Francisco e que estavam dispostos a dividi-la comigo, se eu quisesse vender meus livros e fitas. Margalo e eu fizemos as malas, encaixotamos os livros e fomos para a exposição. Nos três dias seguintes, vendi muitos livros e fitas. Continuei praticando o mantra. Na volta, descobri que as vendas através de meu *site* na Internet haviam aumentado tremendamente. Tive de providenciar novas tiragens de todos os meus materiais para suprir a demanda. No final da disciplina de quarenta dias, eu havia recitado o mantra muitíssimas vezes e percebi que os resultados continuariam a vir, como é comum acontecer quando se pratica o mantra com um foco bem definido.

Logo após o término da disciplina, um cliente a quem eu estava dando consultas quis que eu passasse a atendê-lo com muito mais freqüência. Depois de vários meses atendendo-o intensivamente, ele me propôs um contrato envolvendo uma quantia que cobriria todas as minhas necessidades. Foi também nessa época que encontrei uma nova agente literária que gostou de meus livros e vendeu este mesmo que você está lendo. Portanto, para mim, a prática do mantra trouxe ótimos resultados. E o mesmo poderá acontecer com você.

Lembre-se sempre de que Lakshmi inclui tanto a abundância espiritual como a abundância no plano físico. Compaixão, simpatia, empatia, amor materno, o calor da proteção materna e um fluxo constante e espontâneo dc sabedoria espiritual providos pela força divina estão todos incluídos no princípio Lakshmi.

Um mantra para crianças

Om Namo Bhagavate Vasudevaya

Esse é o grande mantra de doze sílabas que é amplamente praticado por muitas diferentes seitas hinduístas na Índia. Ele é conhecido como *Mukti*, ou mantra da libertação. Mesmo que suas visões filosóficas da verdade ou da realização sejam totalmente divergentes, todos aqueles que usam este mantra reconhecem o poder de sua fórmula espiritual.

O uso constante deste mantra acaba libertando-nos do ciclo do renascimento. A vinda a este planeta com o propósito de saldar débitos kármicos torna-se desnecessária. Cada um de nós atravessa esse oceano de renascimentos, ou *samsara*, oceano que é incessantemente agitado por causas e efeitos enumeráveis dos habitantes do universo. Esses, em conjunto, criam a totalidade do karma nos planos de existência que vivemos antes, durante e depois de nascermos em um determinado corpo. O significado da libertação do renascimento é a verdadeira liberdade de escolha. Mas este mantra pode ser aplicado a outro contexto, que tenha relação com seu significado. Paradoxalmente, ao mesmo tempo que pode libertar seu próprio espírito dos padrões repetitivos negativos do renascimento ou do comportamento nesta vida, ele também pode ajudá-lo a preparar o caminho para a vida de outro espírito, de uma criança.

Vasudeva é o aspecto divino que existe no interior de cada pessoa. A palavra invoca a comunhão do espírito, o Habitante Interior da pessoa, com a onipresença das três qualidades da existência: *Sat* (verdade ou existência); *Chit* (qualidade da mente espiritual); e *Ananda* (êxtase), que existem em toda a criação. Essa comunhão traz as qualidades sublimes da consciência para uma forma específica: um corpo específico, uma pessoa específica.

Om é o prefixo. É o som seminal do sexto chakra ou chakra da fronte, onde as correntes de energia masculina e feminina se encontram. *Om* é o nome do estado de ser em que esse Habitante Interior (jiva, atman ou alma) está em comunhão com a substância divina que permeia tudo, o espírito de Deus.

Namo significa aqui "nome" ou, mais especificamente, "nome de".

Bhagavate é um indivíduo específico que agora está em processo de se tornar divino. Pode ser ou uma pessoa recém-nascida ou um ser já desenvolvido espiritualmente. A pessoa dispõe-se a trazer esse espírito para dentro de um corpo físico.

Vasudevaya é "o Habitante Interior". A substância divina, geradora e conhecedora de tudo, à parte mas não separada da substância divina que tudo permeia.

Apesar de ser um pouco complicado, esse é o sentido absolutamente perfeito da energia do mantra. O sânscrito é basicamente uma língua cuja essência tem mais que ver com energia do que com significado. Um significado superficial universalmente muito mais atribuído ao mantra é: "Om e saudações ao Habitante Interior, substância de Deus".

Como você pode ver, o "Habitante Interior" pode também referir-se a um bebê. Nas lendas espirituais em torno de Krishna, Vasudeva era o pai dele, o que oferece outro indício oculto do uso deste mantra para trazer esse espírito a um corpo físico como filho. Portanto, se você deseja ter um filho e, especialmente, se deseja um filho por razões espirituais, como dar uma contribuição consciente a este mundo, empreenda a disciplina clássica de quarenta dias com este mantra e concentre-se nas intenções espirituais que você tem para o seu filho. Fazendo isso, você estará ajudando a todos nós.

É um menino

Cerca de vinte anos atrás, um casal de amigos meus queria ter um filho com inclinações espirituais. O sexo da criança não importava. Para esse propósito, um mestre indiano indicou-lhes um mantra que todos nós conhecíamos na época. O mantra era *Om Namo Bhagavate Vasudevaya*.

Os dois meditaram juntos e completaram os quarenta dias de prática do mantra. Não demorou para Barbara conceber e o casal ficou obviamente muito feliz. No terceiro mês de gravidez, aconteceu um incidente que a fez achar que havia ocorrido um aborto espontâneo. Todos os amigos e familiares ficaram frustrados e procuraram consolar o casal.

Passadas outras seis semanas, Barbara começou a sentir que estava grávida. Foi ao médico e descobriu que estava no quarto mês de gravidez. Ela absolutamente não havia perdido o bebê. Acabou nascendo um menino saudável e feliz que recebeu o nome de William.

Um experimento

De acordo com a doutrina da reencarnação, as crianças e particularmente os bebês estão mais em contato com sua natureza divina do que os adultos. À medida que vamos nos aculturando, esquecemos nossas vidas anteriores.

Decidi usar minha amizade com os pais de William, que moravam comigo no Centro, para realizar o meu experimento com o propósito de testar se William era ou não capaz de estabelecer contato com uma vida anterior. Esperei o momento certo, que surgiu quando ele tinha apenas oito meses. Decidi que a melhor maneira de testar William seria dar a ele certos estímulos espirituais clássicos para ver se haveria alguma reação de sua parte. Meu experimento era para "reconhecer" a divindade em William fazendo-lhe uma saudação espiritual comum no Extremo Oriente.

Certo dia, quando entrei na casa, os pais de William estavam na cozinha fazendo comida. William estava num carrinho de bebê num dos cantos da cozinha. Ele estava de frente para a porta dos fundos, pela qual entrei. Ao chegar, coloquei as palmas das minhas mãos juntas sobre o coração, na postura da saudação espiritual *namaste*, e inclinei levemente a cabeça na direção dele. O bebê começou imediatamente a gorgolejar de alegria, estendeu a mãozinha e fez um antigo gesto divino, ou *mudra*. Era o mudra *jnana*, o gesto da sabedoria. O mudra *jnana* é feito unindo-se o polegar e o indicador da mão direita, com o polegar um pouco acima da ponta do indicador, e os três outros dedos juntos. Parece um pouco o sinal de "Ok" que damos uns aos outros. Entretanto, no mudra *jnana*, o braço é estendido e a mão erguida na altura do pulso, com a palma apontando para a pessoa a quem o mudra é dirigido. William fez esse antigo gestual com perfeição. Meus cabelos se eriçaram e ondas de arrepios subiram por meus braços. Olhei para o bebê totalmente perplexo. O bebê olhou de volta para mim com total consciência, reconhecimento e inteligência. Não era o olhar de um bebê.

Um dos pais surgiu de repente com uma mamadeira. O momento tinha passado. William recebeu a mamadeira e começou a sugá-la vigorosamente. Eu me aproximei e olhei atentamente para ele. Atraí a atenção dele e olhei-o dentro dos olhos. Era apenas um bebê lançando-me olhares rápidos e vazios. Sua atenção estava totalmente concentrada na mamadeira. Tentei relatar aos pais a ocorrência daquele momento mágico. Eles gostavam de ouvir coisas especiais sobre seu bebê, mas também eles estavam distraídos e não mostraram nenhum interesse no "ocorrido". Compreendi que o experimento era estritamente meu, e me bastou.

Mantras para conquistar amigos e companheiros

Existe um antigo provérbio que diz que o melhor meio de receber amor é dando-o aos outros. Assim também, se queremos ter amigos e companheiros, ser um bom amigo é uma ótima maneira de começar. Existe um mantra para a pessoa desenvolver a qualidade da amizade em si mesma. O mantra é uma das "doze grandes qualidades do Sol".

Om Hraum Mitraya Namaha

A intenção desse mantra é criar amizade num sentido muito especial: quando você trata todo mundo como amigo, todo mundo vê você como amigo.

Remoção dos obstáculos à prosperidade

Há ocasiões em que os esforços, até mesmo a prática de mantras potentes, parecem não trazer os resultados desejados ou esperados. É como se houvesse algum obstáculo ou barreira no caminho.

O mantra Ganesha, discutido no Capítulo 5, é o que remove obstáculos por excelência.

Om Gum Ganapatayei Namaha

"Om e saudações àquele que remove obstáculos do qual Gum é o som seminal."

11

Mantras para Aumentar o Poder Pessoal

De acordo com a geometria ensinada na escola secundária, de um pequeno segmento de um círculo, pode-se inferir a circunferência, o diâmetro, a área e todos os outros dados importantes sobre a figura. Apenas alguns centímetros de linha perfeitamente curva provêm todos os dados necessários para se chegar às características exatas do círculo em questão. Desde 1973 eu venho praticando mantras para uma ampla variedade de estados e situações. A experiência adquirida em todos esses anos representa alguns centímetros da linha perfeitamente curva: sei que os mantras funcionam e que funcionam com eficácia.

Neste capítulo, você encontrará mantras que poderá usar para ganhar forças a fim de perseguir suas metas espirituais, seus projetos criativos, educativos e profissionais.

Mantra para adquirir confiança e força interior

Volta e meia sou abordado por pessoas, particularmente por mulheres, que confessam sofrer de falta de autoconfiança. Nesses casos, eu sempre recomendo o mantra a seguir. De fato, eu gostaria de poder recomendar esse mantra a todas as mulheres que duvidam de suas próprias capacidades ou de seu próprio poder. Associado ao princípio feminino, esse mantra produz um efeito extremamente eficaz, fazendo com que a pessoa sinta seu próprio poder e sua capacidade para usá-lo com sabedoria.

Om Eim Hrim Klim Chamundayei Vichei Namaha

"Om e saudações àquela que irradia poder e sabedoria."

Om é o som seminal que corresponde ao encontro das energias masculina e feminina no chakra da fronte. *Eim* é o som seminal de Saraswati, que preside os sons, as artes e as ciências tanto espirituais quanto materiais. Essa energia também tem que ver com a dispersão de certos tipos de energia negativa. *Hrim* (como já vimos) é o som seminal que dissipa a ilusão de realidade aparente. *Klim* (como já vimos) é o som seminal responsável pela atração. *Chamunda[i]* é o aspecto belo do feminino, que pode também ser extremamente destrutivo a uma vasta série de forças e influências negativas. *Yei* é um som para ativar Shakti. *Namaha* já foi analisado em detalhes.

Como acontece com muitos mantras, os efeitos produzidos por este variam de acordo com o praticante. Uma mulher contou que este mantra provocou nela um sentimento de alegria tão intenso que ela não queria mais parar de recitá-lo. Um homem disse que ficava tomado de uma sensação de poder. Lembre-se, por favor, de interromper sua prática por algumas horas ou dias se acontecer de, no caso de estar recitando o mantra por um longo período de tempo num mesmo dia ou por muitos dias consecutivos, começar a sentir algum incômodo. Assim seu prana pode se reajustar ao novo nível de vibração que você está criando.

O mantra da boa sorte

Como Ganesha, o deus invocado neste mantra é filho de Shiva e Parvati. Enquanto Ganesha é muito ligado à mãe e, portanto, a um poder quase primordial, Skanda (ou Kartikeya — ele atende por vários nomes) é mais ligado a Shiva e à consciência, que também pode atuar como uma força dirigida. Aqui, a consciência do indivíduo é imbuída de força, otimismo e confiança. Essas qualidades parecem produzir "boa sorte" ou resultados em geral positivos de uma ampla variedade de situações.

Om Sharavana Bhavaya Namaha

"Om e saudações ao filho de Shiva, que traz sucesso e que é o comandante do exército celestial."

Desenvolvimento espiritual

Existem muitos mantras que podem ajudá-lo no seu desenvolvimento e discernimento espirituais. Um deles é o seguinte:

Om Nama Shivaya

Este mantra *Siddha* faz uso dos elementos universais que regem os chakras: a terra, a água, o fogo, o ar e o éter. As sílabas *Na*, *Ma*, *Shi*, *Va* e *Ya* ajudam cada chakra a utilizar melhor os elementos fundamentais que predominam nele. Aquele que é um *siddha* é um ser perfeito. Este mantra o conduz eficazmente para sua maturidade espiritual. Este mantra é, portanto, parte da tradição do caminho do Aperfeiçoamento do Veículo Divino, que se refere ao corpo humano com todos os seus níveis brutos e sutis.

Mantra para dissipar as forças negativas e obter proteção

Esse é um mantra para o avatar de Vishnu conhecido como Narasimha. Como ser espiritual composto de aspectos de natureza humana, divina e animal, todos misturados, esse avatar derrotou o supostamente invencível grande mal. Uma vez que esse mantra invoca uma energia poderosa, a atitude interior correta da pessoa constitui um escudo para impedir que ela seja usada indevidamente. Esse mantra pode ter resultados contrários se usado com ódio, uma vez que o ódio é contrário à natureza de todos os mantras Vishnu.

Narasimha Ta Va Da So Hum

Narasimha é o princípio destruidor do que é aparentemente indestrutível. *Ta* é o som seminal (sem o "m") da parte da perna entre o joelho e o tornozelo. *Va* é o som seminal (sem o "m" do segundo chakra) do centro genital. *Da* é um som para direcionar a energia para o deus supremo. *So Hum* sintoniza a mente com o ser divino interior.

De acordo com a sabedoria védica, sempre que influências maléficas, reinam sobre a Terra uma encarnação do Divino vem salvar a humanidade. Narasimha foi uma dessas encarnações. Parece que havia um governante perverso tão poderoso que era invencível na guerra. Dizia-se que "Ele era invencível tanto durante o dia quanto à noite. Que não podia ser derrotado nem por homens nem por bestas. Que era invencível tanto em espaços fechados quanto em abertos".

Vishnu, por misericórdia e compaixão, veio à Terra como Narasimha, uma mistura de homem e leão. Narasimha aproximou-se da morada do tirano perverso e ficou à espera. Na hora do crepúsculo, entrou nela, encontrou o tirano e arrastou-o para a soleira da porta. Segurando-o firmemente, Narasimha começou a dizer: "É hora do crepúsculo, nem dia nem noite. Esta é a soleira da porta de sua casa, nem dentro nem fora. Não sou nem homem nem besta, mas uma mistura de ambos. Portanto, eu vou agora destruí-lo." E cortou o tirano perverso em pedaços.

Desde então, Narasimha é invocado por quem deseja se libertar de situações maléficas.

Um amigo meu chamado Frank me procurou preocupado com o fato de um parente estar tentando influenciar indevidamente seu pai moribundo. O parente parecia interessado em herdar o máximo possível de suas consideráveis posses. Depois de meditar sobre o problema por algum tempo, eu recomendei a meu amigo que recitasse o mantra Narasimha no mínimo quinhentas vezes por dia. Acrescentei que, se ele pudesse, mil repetições diárias seria melhor. Ele realizou a disciplina todos os dias, com quinhentas repetições em alguns dias e mil em outros. A herança foi igualmente repartida entre todos os membros da família, quando o pai de Frank morreu alguns meses depois.

Um mantra sikh para o progresso espiritual

A seita *sikh* reúne princípios das religiões hinduísta e islâmica. Os adeptos dessa religião são bem-vindos em quase todas as culturas por se dedicarem ao trabalho árduo e à melhoria da comunidade em que vivem. Isso acontece até mesmo em países islâmicos, onde muito poucas outras religiões são toleradas. Essa seita representa, portanto, um exemplo único de tolerância universal entre muitos países e culturas. Esse mantra invoca a energia do Mestre Interior e o contato com os Grandes Mestres de sua religião que os precederam.

Ek Ong Kar Sat Nam Siri Wahe Guru

"Existe um Único Criador que criou esta criação. Verdade é o Seu nome. Ele é tão grande que não podemos descrever Sua infinita sabedoria."

Progresso espiritual pelo uso das energias masculina e feminina

O mantra seguinte está estreitamente ligado à respiração. Está escrito em alguns dos textos antigos que *So Hum* é o som sutil da própria respiração.

So Hum

Quando o sistema nervoso autônomo torna-se consciente e deixa de funcionar automaticamente, o mantra passa a ser *Hum So*.

Om Hum So Hum

Na realidade, as palavras deste mantra não dizem nada. Ele tem que ver com energia, respiração e focalização da consciência. É um dos mantras mais simples porém eficaz para se alterar permanentemente o estado de consciência. Ele equilibra as energias masculina e feminina e focaliza sua força conjunta.

Mantra para a compaixão

Esse mantra invoca Shiva de uma forma feminina compassiva e estreitamente relacionada a Durga.

Sarva Mangala Mangalyei
Shive Sarvartha Sadikei
Sharanyei Tryambakei Gauri
Narayani Namostute

"Ó Grande Poder Feminino que é a energia propulsora de Shiva, Narayana, cujo simples toque provoca um êxtase tal que abre a visão da sabedoria e nos concede as bênçãos supremas."

Mangala significa "aquele cujo toque provoca êxtase". *Shive*, *Tryambake* e *Gauri* são todas formas fermininas de seres que comumente se apresentam como masculinas. *Narayani* é uma representação feminina (neste caso, a irmã) de Narayana, senhor da chama tripla que pode manifestar tudo que quiser, inclusive universos inteiros.

Mantra para obter clareza espiritual

Recite esse mantra, a Brahma o Criador, para alcançar o entendimento dos mistérios da manifestação da criação. Por meio da recitação desse mantra, os segredos do Universo ficam acessíveis a você.

Sat Chid Ekam Brahma

Eis os significados das várias palavras no seu contexto energético: *Sat*: verdade; *Chid*: aspecto espiritual da mente; *Ekam*: único, sem a existência de outro; *Brahma*: todo este cosmos com tudo o que ele contém.

O seguinte é uma versão mais extensa do mantra *Sat Chid Ekam Brahma*:

Om Eim Hrim Shrim Klim Sauh
Sat Chid Ekam Brahma

Om é um prefixo que faz parte de muitos mantras. Ele representa a energia do chakra *Ajna*, o da fronte, onde as energias masculina e feminina se unem e a consciência se torna una e holística.

Eim é o som seminal do princípio feminino conhecido como Saraswati. Esse princípio governa tanto o conhecimento espiritual como as atividades de educação, ciência, artes, música e a disciplina espiritual.

Hrim é o som seminal de Mahamaya, ou o véu da criação. Diz-se que a meditação com a mente focalizada neste som seminal acaba revelando ao praticante o universo "como ele é" e não como o vemos comumente. Isso ocorre porque a realidade como a vemos não passa de uma "convenção" entre todos nós, que foi passada de geração em geração. Os bebês, se pudessem se expressar, falariam do universo de uma maneira bem diferente. Eles acabam assimilando o que a humanidade "convencionou" e vivendo neste mundo de acordo com essas convenções.

Shrim é o som seminal do princípio da abundância. Nela incluem-se alimentos, amigos, família, saúde e inúmeras outras coisas. E também, é claro, a prosperidade.

Klim é um som seminal com muitos significados. Nesse contexto, está referindo-se ao princípio da atração. Nesse mantra, está atraindo o fruto dos outros princípios para acelerar o processo meditativo do mantra.

Sauh é um princípio espiritual que atua através de uma das pétalas do chakra Ajna. É também um som que ativa Shakti.

Mantras Hanuman para a energia da cura (prana) e para a força atlética

Nas lendas em torno do avatar Rama, Hanuman é caracterizado como o criado perfeito. A vida de Rama registrada no *Ramayana*, de acordo com as versões dos poetas Valmiki e Tulasidas, é uma alegoria poética eloqüente do desenvolvimento espiritual da humanidade. Veremos agora, resumidamente, o que aconteceu com Rama e o significado esotérico desses acontecimentos.

Rama é o Ser Divino. Sita é a kundalini shakti pura e perfeita. Sendo o filho primogênito, Rama está destinado a governar o reino quando o rei Dasaratha morrer, mas, por intrigas da corte, o rei é obrigado a nomear o irmão de Rama, Bharata (a mente), ao trono. Rama deve ser banido para a floresta por doze anos. Bharata sabe que são falsas as acusações que provocaram o banimento de Rama e coloca as sandálias (o poder do Ser que se manifesta através da kundalini) do irmão no trono e o declara como verdadeiro rei, exilado ou não. Bharata declara, então, que agiria como o procurador de Rama até que ele retornasse, e que as sandálias dele no trono serviriam para mostrar a todos quem era o verdadeiro rei.

A mente tem de agir sempre como procuradora do Divino. Porque a divindade interior é o Ser, que habita o chakra do coração, e não a mente que não tem luz própria.

Logo depois, Sita é raptada por Ravana, o último dos reis perversos, e levada para muito longe. Ravana quer que Sita torne-se sua consorte. Ele é dominado pelo desejo sensual, sem qualquer amor ou sentimento verdadeiro por ela.

Enquanto isso Rama, perambula pela floresta, onde encontra por acaso Hanuman (o prana), o chefe de uma das tribos de macacos. Hanuman jura lealdade a Rama e torna-se seu principal criado. Rama manda Hanuman procurar Sita.

Desejos interesseiros e egoístas apossaram-se da energia divina interior. A shakti kundalini é impedida de se unir ao Ser Divino localizado no chakra do coração e fica detida no segundo chakra (energias da sensualidade e da magia) e no terceiro chakra (domínio dos elementos terra, água e fogo, bem como de todos os tipos de desejos mundanos). Mas Hanuman, como representante do prana, é enviado à procura de Sita. Esse é o exercício de respiração rítmica que o yogue pratica para purificar o corpo e os chakras e levar a kundalini até o chakra do coração e além dele.

Hanuman encontra Ravana e seu irmão Kumbarnaka e uma grande batalha é travada. Como Hanuman não tem força suficiente para vencer Ravana, ele não consegue libertar Sita. Mas ele tampouco pode ser derrotado. Ele retorna a Rama e o informa onde Sita encontra-se detida.

A respiração prânica consegue sempre revelar o lugar em que se encontra a kundalini e onde sua energia está aprisionada.

Rama e Lakshmana vão até o domínio de Ravana e Kumbarnaka e lutam com eles. Quando eles finalmente se confrontam, Rama revela sua natureza divina e Ravana desfaz-se em elogios e torna-se seu devoto, com lágrimas de devoção escorrendo dos seus olhos.

O Divino pode transformar até mesmo o mais vil num repositório de virtudes divinas, num instante de graça. Individualmente, mesmo nas partes de nós onde o karma mais repulsivo e egocêntrico possa estar armazenado, a natureza imaculada do Ser Divino pode dissolver esse karma no mesmo instante.

Rama e Sita voltam da floresta e a coroação é realizada com toda a pompa.

Quando finalmente espírito e alma se unem — primeiro no chakra do coração e depois no chakra da coroa — nós alcançamos o máximo do desenvolvimento possível enquanto seres humanos.

Os mantras Hanuman trabalham diretamente com o prana. Quanto mais se pratica esses mantras, mais o prana impregna-se na consciência presente no som e na energia do mantra. Esse fato único confirma a postura de alguns sábios religiosos que afirmam haver uma relação entre Hanuman e a energia de Shiva.

Existem dois mantras Hanuman que fortalecem imensamente o prana de qualquer pessoa que os pratica para a cura de si mesma ou de outras pessoas.

Om Hum Hanumate Vijayam

"Vitória ao prana em seu curso evolutivo, que fortalece a vontade através do chakra da garganta."

Para os atletas, o seguinte mantra pode ajudar a aumentar tanto a força quanto a agilidade.

Om Sri Hanumate Namaha

"Saudações ao prana consciente."

Com este mantra, o terapeuta aumenta sua capacidade de transferir prana para a cura de seus pacientes.

Mantras Saraswati para a obtenção de conhecimento e capacidade de criação

Representada com um instrumento de cordas numa mão e um *mala* na outra, e um livro a seus pés, Saraswati é o poder feminino que ativa e apóia os empreendimentos artísticos, acadêmicos e espirituais. Artistas e músicos orientais fazem recitações de mantras Saraswati. As mães os recitam para que seus filhos se saiam bem na escola. Os mestres espirituais os praticam para aumentar sua capacidade de aprender a sabedoria suprema. Professores, seculares e religiosos, entoam mantras a Saraswati para que as palavras que saírem de suas bocas contenham a verdade e os princípios corretos desejados. Eles querem ser persuasivos a seus ouvintes. Tudo isso pertence ao domínio de Saraswati.

Saraswati pertence à trindade divina hindu formada por Lakshmi e Durga, além dela própria. Mas pelo menos sobre seu poder também se fala no Ocidente. Ouvimos falar muito sobre a abundância de dádivas de Lakshmi e sobre as bênçãos protetoras de Durga, mas muito menos sobre Saraswati. Por que será? Pode ser que os mestres espirituais mais reconhecidos do Extremo Oriente queiram manter o "verdadeiro saber espiritual" em segredo e Saraswati é o caminho para se chegar a esse saber.

Nos mais antigos escritos védicos, Saraswati é mencionada como Vach, a deusa da fala no sentido primordial — ou seja, a origem de toda fala, tanto divina como humana. Ela representa:

- a palavra sacrificial, a causa primeira e o "nome" místico aos quais se referem os cabalistas;
- o poder, a dona e a arquiteta dos mantras;
- a deusa da sabedoria oculta.

Uma antiga "controvérsia divina" continua existindo para determinar qual é superior: a mente ou a fala. A conclusão final dessa discussão é que a mente, em última análise, é superior, mas só depois de o plano da criação ter sido deixado para trás. O fato é que o plano da criação abarca todos os planos sutis habitados pelos mestres e todos os seres celestiais de todas as esferas. A mente só assume a primazia quando retiramos nossa consciência do plano *akáshico* acessível, através do chakra Vishuddha, ou da garganta, e a levamos para o lugar onde acaba a dualidade.

O significado de Saraswati para o atual praticante de mantras pode ser resumido em alguns pontos. A energia de Saraswati, de acordo com as antigas escrituras:

- governa todos os empreendimentos espirituais;
- confere o poder que os mantras têm — mestres espirituais e gurus transmitem o poder dos mantras através da energia Saraswati;
- rege os seguidores do caminho do entendimento intelectual e da mente;

- controla a transmissão da poderosa shakti, ou energia da transformação, conforme testemunhas de muitos mestres, como Yogananda e Ramakrishna;
- é adotada por muitos adeptos do Himalaia e swamis como parte de seus nomes espirituais.

Mantra para alcançar sucesso nos estudos, na música e nos empreendimentos artísticos

Om Eim Saraswatiyei Swaha

"Om e saudações ao princípio feminino Saraswati."

Em todos os empreendimentos criativos, este mantra invoca energia para que o projeto seja produtivo e bem-sucedido.

Maha Vidya: Mantra à Rainha da Sabedoria

Eim Hrim Srim Klim Sauh Klim Hrim Eim
Blum Strim Nilatari Saraswati
Dram Drim Klim Blum Sah Eim Hrim Srim
Klim Sauh Sauh Hrim Swaha

Este mantra Saraswati que por sua extensão parece um "trem de carga" é uma sucessão de mantras seminais e é, por isso, intraduzível em sua essência. A repetição fiel deste mantra irá, com o tempo, transformar o praticante numa pessoa de grande conhecimento espiritual.

Mantra para ver o ser interior e o universo como um todo

Narayana é a chama interior que arde eternamente no Hrit Padma, ou "centro sagrado", um chakra secreto de oito pétalas localizado dois dedos abaixo do chakra do coração. Ela se manifesta de acordo com a devoção da pessoa. Esse único atributo proporciona tanto experiências maravilhosas e gratificantes como grande confusão aos verdadeiros buscadores.

De acordo com o *Narayanaya Suktam*, Narayana é Brahma, Vishnu e Shiva. É a luz que mora no centro sagrado e que se manifesta de acordo com a devoção de cada pessoa. Assim, quando Narayana se manifesta, é como o ideal escolhido da pessoa. Isso provoca confusão, uma vez que diferentes pessoas escolhem diferentes ideais. A visão do Amado Divino é uma experiência tão intensa que o dono da experiência a considera ser absoluta em vez de relativa. Uma pessoa pode ver Krishna e outras, Jesus. A confusão surge porque nem *toda* experiência divina desses seres é autêntica no sentido de uma aparição verdadeira. Pode ocorrer às vezes de o centro sagrado manifestar-se em resposta à intensa devoção da pessoa.

Om Namo Narayanaya leva o praticante a esferas espirituais sublimes, onde as questões espirituais são respondidas e as grandes verdades reveladas. A visão espiritual do Amado Divino pode tranformar positivamente a vida da pessoa. Os próprios sábios da antigüidade que habitam planos etéreos podem aparecer e dar instruções. Os desejos podem ser subitamente realizados. Esse mantra é tão maravilhoso quanto misterioso.

Na Índia, é realizada uma cerimônia da verdade universal chamada Puja Satya Narayana. Pessoas de diferentes castas e credos participam dessa cerimônia. Ela está acima e além de todas as diferenças e preferências sectárias. Por isso, é considerada universal.

Om Namo Narayanaya

"Om é o Nome de Narayana, a chama da verdade."

Mantra para obter orientação divina no caminho espiritual

Este último mantra é recitado no fim de muitas cerimônias religiosas derivadas da tradição védica. É possível ouvi-lo recitado exatamente da mesma maneira na Índia, em Trinidad ou nas Filipinas. É também a minha prece para todos nós.

Om Asatoma Sad Gamaya
Tamasoma Jyothir Gamaya
Mrityorma Umritam Gamaya
Om Shanti, Shanti, Shantihi

"Conduze-nos da irrealidade para a realidade
das trevas para a luz
da morte para a imortalidade
Om paz, paz, paz."

12

A Recitação de Mantras em Favor do Planeta Terra

Todos nós sabemos que o mundo tem problemas. A maioria de nós já considerou alguma vez a possibilidade de fazer algo para ajudar a humanidade a tomar consciência. Muitas pessoas oram diariamente e isso com certeza ajuda a todos nós. Mesmo assim, muito mais pode ser feito. Para aqueles que querem fazer algo mais que orar e prestar serviço à comunidade, este capítulo oferece um meio de ajudar o planeta pela prática de mantras. A idéia de recitar mantras em favor do planeta ocorreu-me devido a um acontecimento extraordinário em minha vida.

Um episódio surpreendente

Toda vez que meu amigo, o doutor Charles Wesley, me telefonava, eu ficava atento. Por toda a sua vida adulta, Charles estivera no caminho espiritual, praticando técnicas de meditação aprendidas com diferentes mestres e adaptadas para seu próprio uso durante quase quarenta anos. Por ocasião deste episódio, eu, por minha vez, era ainda um principiante com apenas cinco anos de experiência em meditação. De maneira que, quando Charles recomendou-me que fosse nessa mesma noite à cerimônia tibetana do Chapéu Preto na Georgetown University, eu decidi ir. Essa cerimônia especial é realizada apenas pelo *Karma-pa*, o dirigente da corrente *Karma Kagyu* do budismo tibetano.

No amplo saguão do *campus* principal dessa universidade cabem aproximadamente três mil pessoas. Um balcão estreito circunda o auditório que tem na frente um palco.

A imensa cortina cor-de-vinho de cerca de quinze metros de comprimento, suspensa na frente do palco, era perfeitamente apropriada ao motivo dos monges tibetanos com sua parafernália. Eu jamais havia visto nada como aqueles instrumentos musicais em forma de chifres curvados atrás dos quais ficavam os monges, nem nada que se assemelhasse ao trono do Décimo Sexto Gyalwa Karma-pa, elevado cerca de treze metros do chão. O trono elevado era o lugar no qual o líder espiritual tibetano trabalharia durante a cerimônia vespertina que seria iniciada dentro de alguns minutos.

Eu estava sentado na sétima fileira na frente do palco. Na minha opinião, uma posição privilegiada. Podia ver bem o que se passava no palco. Abri o programa que eu apertava na mão e comecei a ler sobre a cerimônia do Chapéu Preto.

Muitos séculos atrás, um monarca tibetano teve um sonho vívido no qual viu o Karma-pa da época segurando um chapéu preto incrustado de pedras preciosas. O chapéu parecia uma pequena barraca levantada, mas com superfícies rigidamente curvas e não como se fosse de tecido enfunado pelo vento. No sonho, o Karma-pa colocou o chapéu na cabeça, entrou num estado alterado de consciência e abençoou todos os presentes. Quando o monarca despertou, reuniu seus artesãos, fez um croqui do que havia visto e encarregou-os de criar o que ele vira no sonho. Depois de muitas tentativas fracassadas, eles finalmente conseguiran acertar. O monarca fez uma viagem de vários dias até o mosteiro do líder espiritual. O Karma-pa aquiesceu, puxou seu rosário de contas de cristal e colocou o chapéu sobre a cabeça. Ele foi imediatamente transformado por uma luz deslumbrante que o envolveu por completo. E começou a recitar o célebre mantra *Om Mani Padme Hum*, cuja tradução literal seria "A jóia da consciência está no lótus do coração". Todos os presentes entraram em estado de exaltação. Nesse momento, surgiu a cerimônia do Chapéu Preto.

A partir de então, todos os Karma-pas seguintes herdaram o chapéu preto. Nos momentos de decisão da vida deles, eles realizavam a cerimônia. Colocavam o chapéu preto na cabeça, pegavam um rosário de contas de cristal e recitavam o "*Mani*" 108 vezes.

Quando soube que a cerimônia incluía mantras, entendi por que Charles havia me convidado para participar. Ele conhece bem meus hábitos espirituais. Ele também sugerira que nos encontrássemos depois da cerimônia. Como ele devia estar em algum lugar do saguão, eu fiquei me perguntando se ele me daria uma carona para casa, pois assim eu evitaria ter de fazer uma longa viagem de ônibus.

De repente, ouvi uma barulheira incrível. Virei-me e vi que os três monges em trajes cor-de-vinho e dourado estavam soprando aqueles longos chifres, que produziam uma parafernália de sons numa única sucessão de explosões prolongadas. À medida que fui me acostumando com aqueles sons, eles se tornaram menos perturbadores a meus ouvidos. Soava quase musical. Mas minha opinião do que era "música" estava passando por uma mudança.

Justamente quando eu estava começando a aceitar esse som dos chifres como música, um tibetano um pouco barrigudo subiu no palco e deu uma olhada à sua volta. O público aplaudiu. Ele sorriu e, levantando levemente a cabeça, respirou profundamente pelo diafragma. Fui tomado pela idéia de que ele havia acabado de "inspirar" profundamente toda multidão ali presente.

O homem subiu três degraus invisíveis até o trono e acomodou-se nele. Isso tomou apenas alguns segundos, mas eu observei todos os movimentos dele para apreender cada detalhe. Eu achava que, se o observasse da maneira certa, aprenderia algo de grande importância.

Já sentado, ele pegou diversos objetos cerimoniais e os inspecionou. Em seguida, cerca de vinte outros monges juntaram-se a ele no palco. Sentaram-se no chão. Altas vozes sonoras encheram o saguão de notas e ressonâncias típicas do canto tibetano. Comecei a sentir que estava relaxando profundamente. Ao mesmo tempo, minha consciência aguçou-se. Eu observava atentamente enquanto os diversos objetos eram usados nessa cerimônia que se estendeu por um período de trinta minutos. Então, uma grande caixa ornamentada foi retirada de algum lugar e aberta. Um chapéu preto incrustado com o que parecia ser diamantes surgiu de seu interior e o Karma-pa colocou-o na cabeça e puxou um rosário de contas de vidro transparente. O grupo todo começou a cantar *Om Mani Padme Hum*, e o canto prosseguiu por alguns minutos.

Notei que, no instante em que o Karma-pa colocou o chapéu na cabeça, seu semblante mudou. Ele pareceu vinte anos mais jovem e de aspecto mais animado.

A cerimônia terminou inesperadamente e formou-se uma fila do lado esquerdo da escada que subia para o palco. Como eu estava numa das primeiras fileiras, fomos parar no começo da fila. Cada pessoa passava diante do trono elevado do Karma-pa. E ele dedicava um instante a cada uma.

Em alguns minutos, chegou a minha vez. Fiquei ali parado sem saber o que fazer. Ele inclinou-se calmamente e puxou minha cabeça para a frente até ficar curvada diante dele. Ele colocou um objeto de metal quente na minha nuca e cantou. Confuso, olhei então para cima e ele deu um sorriso extremamente doce e mostrou-me uma fotografia do tamanho de uma carta de jogo. Eu não tinha a menor idéia de quem era o monge da foto. E continuo não tendo. Então, no momento seguinte, já fora da fila e de volta ao chão do saguão, eu estava recebendo um pedaço de fio vermelho e um punhado de grãos de arroz de diferentes cores. Eu não fazia nenhuma idéia do que aquilo significava.

Decidi ver se Charles estava no balcão. Iniciei a cansativa tarefa de abrir caminho entre a multidão até a escada, e foram cerca de dez minutos de agonia até chegar lá. Quando consegui chegar à escada, subi rapidamente os degraus e ali em cima vi Charles, entre um punhado de pessoas. Fiz um aceno para ele, mas ele não me viu. Fui até onde ele estava, aparentemente perdido em seus próprios pensamentos, e disse, "Oi Charles! Que sorte encontrar você no meio de toda essa gente!" Ele não disse nada e continuou com o olhar perdido na direção das escadas, como se nem tivesse me visto. Repeti, "Charles!" Absolutamente, nenhuma resposta. Achei aquilo muito estranho e algumas pessoas começaram a olhar para mim com simpatia. Dei alguns passos para trás e fiquei observando Charles. Ele continuou ali parado por mais dois minutos; em seguida, deu a volta e dirigiu-se para a escada. Senti-me como se estivesse numa zona limite.

Enquanto estava ali parado, me perguntando o que faria a seguir, de repente ouvi uma voz clara e estrondosa vindo do meu peito, entoando *Om Mani Padme Hum* repetidas vezes. A voz era audível apenas para mim e era, no meu interior, EXTREMAMENTE ALTA. Era a voz mais alta que eu já havia escutado e que, no entanto, não tinha nenhum som.

Creio que fiquei de boca aberta. Simplesmente continuei parado aproveitando essa experiência. Então, fui tomado de uma inspiração.

Dirigi-me para as grades em volta do balcão e olhei diretamente para o Karma-pa, de uma distância de 55 metros aproximadamente. Ele continuava atendendo as pessoas da fila de mais ou menos um quilômetro que dava a volta no saguão. Olhei para ele e gritei mentalmente: "É você?" Imediatamente, ele levantou a cabeça e olhou diretamente para mim. Ele irradiou um sorriso absolutamente contagiante para mim e, em seguida, voltou a abaixar a cabeça e a se concentrar no seu trabalho. Eu estava perplexo e, também, exultante.

Fiquei ali parado, procurando não chamar a atenção de ninguém. Receava que aparecesse alguém chamando-me para acompanhá-lo ou que um dos monges viesse exigir uma explicação por eu ter interrompido o trabalho do Karma-pa ou coisa semelhante. Mas eu me sentia ótimo. Estava radiante. O canto no meu peito continuou por talvez mais cinco minutos... que é um tempo longuíssimo... e, então, cessou abruptamente. Corri para tomar o próximo ônibus.

Posteriormente, contei a Charles essa experiência e perguntei como havia sido a dele. Ele olhou-me de um modo esquisito e disse, "Que experiência?" Lembrei-o de como parecera não haver me visto no balcão e que eu não havia conseguido atrair a sua atenção. Ele simplesmente sorriu e balançou a cabeça. Não tinha a mínima idéia do que eu estava falando. Ele havia gostado do evento, mas nada de extraordinário havia acontecido. Ele achou meu relato fascinante, mas não tinha nenhuma lembrança de ter me visto. Acreditou na experiência que eu relatei, mas nada havia acontecido com ele senão um momento de paz e tranqüilidade. Concluí que o Karma-pa também havia levado Charles a um estranho estado de consciência no qual ele ficara alheio às circunstâncias ao seu redor. Durante anos fizemos piadas sobre essa noite.

Iniciação espiritual

A iniciação espiritual pode assumir muitas formas diferentes. Um dos métodos mais clássicos de iniciação envolve a transmissão de um mantra que foi dotado da energia espiritual de um mestre. Então, o mantra é praticado pelo principiante, para que a energia espiritual aumente cada vez mais nele. Eu concluí que o Karma-pa havia me iniciado apesar de eu nunca ter sido seu discípulo.

Como os mantras podem ser passados dessa maneira de uma geração a outra, forma-se uma linhagem espiritual. Quem faz as perguntas certas pode descobrir todo o passado de uma linhagem espiritual através dos séculos. Todas as pessoas que fazem parte da mesma linhagem estão ligadas por um mesmo fio: o mantra.

É verdade que os mantras funcionam independentemente de a pessoa ter sido iniciada, porque seus sons estão diretamente ligados às atividades dos chakras. Mas é também verdade que um mantra dotado da energia de um mestre espiritualmente avançado pode encurtar significativamente o tempo necessário para que ele tenha uma profunda eficácia espiritual.

Finalmente, o mantra leva o praticante a um estado mais elevado. Esse estado pode ser dramaticamente visível ou totalmente invisível para as pessoas próximas. Cada caso é um caso único. Muitos grandes mestres espirituais de todos os tempos iniciaram seus discípulos através de mantras.

Eu vi o Karma-pa mais três vezes: uma vez na cerimônia do Refúgio, outra na cerimônia de Juramento Bodhisattva e a última vez em outra cerimônia do Chapéu Preto três anos depois. Dois anos depois, quando eu estava na Costa Oeste, fiquei sabendo de sua morte. Ele pode ter ido embora, mas o mantra estará sempre comigo.

O primeiro Wesak

Minha experiência com o Karma-pa foi-me inspiradora. Todo ano, o Nascimento e a Morte de Buda é celebrado na lua cheia quando o Sol encontra-se em Touro. Essa celebração, chamada Festival Wesak pelos budistas, normalmente é realizada em maio.

Eu me reúno com alguns amigos e juntos realizamos uma cerimônia Wesak celebrada pelos adeptos da doutrina budista esotérica, que têm uma visão mais abrangente de espiritualidade. Reunimo-nos para celebrar a santificação por Cristo e Buda juntos de todo o trabalho realizado no planeta Terra durante o último ano, inclusive o realizado por todas as organizações religiosas, todos os suplicantes, mendicantes, buscadores, sacerdotes, rabinos, monges, mestres, *mullahs,** swamis, estudantes, professores, discípulos e outros que trabalham pela salvação da alma huma-

* Professores e eruditos islamitas. (N.T.)

na e pela elevação da humanidade. Entoamos mantras de cinco das grandes religiões do mundo. Também recitamos o *Mani* por um período de duas a doze horas. Fazemos isso desde 1975. Ele é hoje um evento anual para ajudar a humanidade e o planeta através da recitação de mantras.

Organizei a primeira cerimônia Wesak no centro de Washington, D.C., em gratidão à minha experiência com o Karma-pa. Desde então, passou a ser tradição organizar a atividade de maneira que haja uma seqüência ininterrupta de recitação por várias horas. Durante o período de canto, as pessoas vêm e vão. Algumas chegam e cantam conosco por alguns minutos e outras por várias horas. Numa dessas ocasiões, duas mulheres vieram e cantaram conosco por todo o período de doze horas que havíamos determinado para a cerimônia.

Durante a celebração do meu primeiro Wesak, eu tive uma experiência profunda. Depois de cantar por cerca de dez horas, apaguei. Eu não conseguia me manter acordado. Mas faltavam duas horas para completar o programa de doze horas e eu queria cumprir o compromisso que eu mesmo havia me imposto. Uma das mulheres que vinha com freqüência ao Centro percebeu que eu estava apagando. Ela se ofereceu para completar as últimas duas horas e encorajou-me a ir para a cama. O que eu fiz com um pouco de resistência.

Eu estava deitado havia alguns minutos quando, subitamente, um imenso "buraco" abriu-se no olho da minha mente. Em vez da escuridão que antecede o sono, surgiu uma abertura semelhante à da íris de uma câmera e um feixe de luz perpassou-me. Era diferente de qualquer luz que eu já havia visto. Eram luzes de todas as cores: tons verdes e alaranjados, azuis e amarelos e outras cores vívidas. Aquilo me causou uma perplexidade impossível de descrever. Depois de me dar um banho de luz, a íris se fechou.

Continuei ali deitado, completamente atônito por um momento. Então, lembrei-me da lenda que relatava os efeitos da cerimônia Wesak sobre os planos sutis.

Num vale escondido, os mestres e professores das grandes religiões do mundo se reúnem. Diante do vale há uma grande rocha lisa. Sobre ela há um vaso de cristal cheio de uma espécie de líquido divino. Com a aproximação da lua cheia, Buda pode ser visto descendo numa luz resplandecente. No exato momento da lua cheia, Cristo aparece atrás do vaso de cristal e transmite energia espiritual. O mantra é também um sinal a Buda para liberar um jato de energia espiritual para o planeta. Essa união de Buda e Cristo juntos, concedendo bênçãos, é conhecida como a *Grande Efusão*.

Deitado ali na cama no escuro, compreendi que havia recebido minha "parcela" da Grande Efusão. Entendi que os espiritualistas de todas as partes também recebem sua "parcela" da Grande Efusão. A experiência e o entendimento que ela me trouxe foram tão profundamente gratificantes que todos os anos eu lembro às pessoas que elas devem pensar nisso como parte da Páscoa — uma grande renovação.

Apesar de ter participado de muitas cerimônias Wesak desde então, nenhuma delas é comparável à experiência da primeira. Mas isso não tem importância para mim. Concluí que fora me mostrado algo para que eu continuasse a organizar e realizar a cerimônia Wesak. Mesmo depois de muitos anos fora do Centro, eu continuo realizando o Wesak anualmente. Descontando possíveis imprevistos, eu pretendo continuar realizando a cerimônia Wesak enquanto puder respirar.

Wesak tradicional e não-tradicional

Budistas de todas as seitas do mundo inteiro celebram uma forma de cerimônia Wesak há séculos. Durante a lua cheia de maio, os templos budistas recebem sua congregação para juntos celebrarem o nascimento, a iluminação e a morte de Buda. Às vezes, só os monges entoam mantras, outras vezes, todos cantam e outras ainda, só meditam. Mas o objetivo é o mesmo: celebrar Buda.

Eu queria um Festival Wesak que honrasse pelo menos cinco das religiões do mundo: o judaísmo, o cristianismo, o hinduísmo, o budismo chinês, o budismo tradicional e o budismo tibetano. Incluo as diferentes correntes do budismo porque é de onde surgiu o Festival Wesak. Escolhendo um mantra de cada tradição, todos nós que nos reunimos o recitamos por um mínimo de 108 vezes: um *mala* ou dois rosários. A maioria dos mantras é recitada um mínimo de dois *malas*. Então, no final, o grande mantra *Mani* é entoado pelo tempo mínimo de duas horas, podendo chegar até dez horas.

Estes são os mantras que eu venho usando na cerimônia Wesak desde 1975:

Mantra Hebraico em Louvor a Deus

Baruch Atoh Adonai Elohenu
Mehloch Aholum

"Bendito sejas tu, Ó senhor nosso Deus, Rei do universo."

Este importante mantra hebraico invoca o senhor todo-poderoso do universo. Se o recitar por um período prolongado de tempo, a pessoa pode sentir um acúmulo de energia positiva no plexo solar e no chakra da garganta. Usamos este cântico hebraico como invocação inicial de abertura da cerimônia.

Mantra em Louvor a Jesus, Revestido da Autoridade do Purusha Transcendental

Om Jesu Christaya Paramatmane
Purusha Avataraya Namaha

Este mantra declara que Jesus é o verdadeiro mestre do mundo, espírito que preside todos os espíritos, e está revestido da autoridade divina.

Mantra para Invocar Vajrapani, o Protetor do Dharma e Grande Iniciador

Hung Vajra Peh

De acordo com os ensinamentos do budismo tibetano, existe uma esfera de consciência em volta do nosso planeta. Dentro dessa esfera existem forças nocivas que às vezes são chamadas de "formas-pensamento". Esses blocos de energia negativa gerados pela raiva, pela violência, pelos acontecimentos terríveis (como guerras mundiais) e outros aspectos infames da consciência causam devastação todos os dias. Circulando como gotas de óleo dentro do oceano da consciência, essas partículas de sujeira têm de ser neutralizadas de alguma maneira. Os tibetanos usam o mantra de Vajrapani para remover essas partículas de sujeira da consciência. No seu aspecto de protetor dos devotos e iniciador dos habilitados, o Vajrapani é representado erguendo um raio com trovão acima da cabeça, numa mão estendida. A face do protetor é uma visão horrenda. Mas, no mesmo instante em que o fragmento de energia negativa que ameaça o devoto é neutralizado, o semblante adquire um aspecto de terna compaixão, mostrando que Vajrapani está pronto para introduzir o devoto nos mistérios espirituais mais elevados.

Durante o Wesak, recite este mantra enquanto visualiza, a camada de consciência que envolve a Terra sendo purificada das energias negativas.

Mantra para Invocar Vajrasattwa, o Ser que Purifica e Protege o Buscador Sincero

Om Vajra Sattwa Hung

Esta forma-pensamento tibetana de pensamento, de um branco intenso e azulado, é usada para criar clareza mental. Nas meditações tradicionais do budismo tibetano, uma pequena figura branca é visualizada sentada cerca de trinta centímetros acima da cabeça da pessoa. Quando o mantra é recitado, a figura emite um raio de luz branca que entra pelo topo de sua cabeça. Conseqüentemente, todos os padrões mentais e hábitos negativos são eliminados através da aura, dos chakras e do corpo etérico. O lixo é então absorvido pela Terra, que sabe como reciclá-lo e transformá-lo em energia aproveitável.

Para usar esse mantra em favor do planeta, recite-o enquanto visualiza a Terra livrando-se do lixo que a humanidade produziu para a energia transformadora da luz solar. A energia da luz solar limpa a aura da Terra todos os dias. Com nossos esforços, estaremos acelerando e intensificando esse processo.

Mantra para Invocar Kwan Yin

Namo Kwan Shi Yin Pu Sa

Kwan Yin é a forma feminina chinesa de Avaloketeshwara. Entre os arquétipos budistas, Kwan Yin é uma fonte de grande compaixão. A consciência pode expandir-se, o conhecimento aumentar e os poderes espirituais manifestarem-se, mas sem compaixão eles são pouco mais que poeira ou palha. Jesus sugeriu isso quando disse que, sem amor, não temos nada. A idéia é a mesma aqui. O mantra Kwan Yin impregna o invólucro de consciência que circunda a Terra com uma compaixão dinâmica, que se manifesta como graça e misericórdia. Recitar o mantra Kwan Yin é contribuir para aumentar a existência de uma compaixão ativa entre todos.

Mantra para Invocar Kalachakra, o Shiva Tibetano

Om Ha Ksa Ma La Va Ra Yam Swaha

Kalachakra é o espírito da Roda do Tempo, a última lição que Buda ensinou antes de morrer. Recitar este mantra é uma forma pessoal de acelerar o próprio desenvolvimento. Recitá-lo em favor do planeta ajudará a Terra na sua jornada espiritual.

Shiva, o Mantra Siddha, que Conduz ao Caminho do Ser Perfeito

---

Om Nama Shivaya

Jesus disse: "Sede perfeitos como o vosso Pai no Céu é perfeito." As práticas do Extremo Oriente da tradição *siddha* já levavam esse ditame a sério, muitos séculos antes de Jesus nascer. *Siddha* é um ser que alcançou a perfeição. Isso quer dizer que cada chakra tornou-se perfeito no domínio do princípio energético básico que corresponde a ele. O elemento terra corresponde ao chakra da base da coluna; o elemento água corresponde ao segundo chakra; o fogo, ao terceiro, e assim por diante.

Quando Jesus andou sobre as águas, ele provou que dominava o princípio que rege o segundo chakra. Moisés fez o mesmo quando separou as águas para que os fiéis que deixavam o Egito pudessem passar. Quando Jesus acalmou a tempestade sobre o mar, ele demonstrou que dominava o princípio do quarto chakra. Também quando ele disse, "Céu e Terra poderão desaparecer, mas minhas palavras nunca morrerão", ele demonstrou ter pleno domínio do princípio que rege o quinto chakra.

Para os mestres *siddha* da Índia, Jesus seria um deles. Um de seus mantras mais importantes é *Om Nama Shivaya*. Recite este mantra hindu com a idéia em mente de que todos nós devemos nos tornar perfeitos, cada um à sua própria maneira.

Mantra para Invocar Saraswati

Om Eim Saraswatyei Swaha

Saraswati, por cujo poder da fala (Vach) o universo foi criado, confere todo tipo de conhecimento. Recite o mantra Saraswati com a intenção de elevar conscientemente o conhecimento entre os seres humanos a níveis cada vez mais elevados. Finalmente, quando soubermos o bastante, os hábitos nocivos de nossa espécie simplesmente se dissiparão.

Mantra de Avaloketeshwara, origem do juramento bodhisattva

Om Mani Padme Hum

Este é o célebre mantra que costuma ser traduzido como: "A jóia da consciência está no coração do lótus."

Avaloketeshwara é considerado um ser espiritual que alcançou um nível espiritual tão elevado que era como se tivesse escalado a montanha mais alta chegando a um muro de pedras no seu topo. Uma vez ali, Avaloketeshwara pulou para cima do muro de pedras e estava prestes a saltar dele, quando então ele entraria definitivamente em outro nível de ser e deixaria para sempre a humanidade. Nesse instante, ele ouviu um forte gemido atrás de si. Virando-se, viu o inconsciente coletivo da humanidade começando a lamentar a perda de sua presença. Tomado de compaixão, ele decidiu adiar essa etapa final da iluminação, sua beatificação definitiva, em favor de todos os seres vivos. Essa decisão tornou-se o *Juramento Bodhisattva*, o juramento de servir a todas as formas de vida consciente. Muitos budistas sérios fazem hoje esse juramento. O grau de seriedade dos que fazem esse juramento varia, mas pensando bem, todos os grandes mestres espirituais da humanidade devem ter feito um juramento ou tomado uma decisão desse tipo, do contrário por que voltariam para nos ajudar?

A disciplina espiritual que faz uso do célebre mantra *Mani* é empreendida para promover a idéia de desenvolvimento espiritual associado ao ato de servir à vida. Durante o Wesak, recite-o sabendo que está colocando seu ombro metafísico na mesma roda que os mestres e os Grandes estão constantemente empurrando — a roda da evolução espiritual da humanidade.

A propagação da cerimônia Wesak

Desde aquele dia de maio de 1975, em que realizei pela primeira vez a cerimônia Wesak, muitas centenas de pessoas passaram a participar dela. No início, que eu saiba, éramos apenas eu e as organizações budistas que celebrávamos esse dia de um modo especial por todo o trabalho realizado em nosso favor pelos seguidores dos Grandes Mestres Espirituais. Mas estou contente por poder dizer que o Wesak é hoje celebrado por muitas diferentes organizações. Mesmo que os rituais variem, o que todos nós temos em comum é a dedicação à missão de fazer com que o destino espiritual da humanidade seja cumprido. Eu vejo esse destino como uma união que surgirá do Amor, quando o ódio e o preconceito, a violência e a ignorância forem finalmente vencidos.

Se você se sente preparado, organize a sua cerimônia Wesak. Ela não tem de ser nem grandiosa nem complicada. De acordo com os textos orientais, Deus reconhece as intenções do coração, mesmo quando os recursos são escassos. Com a mera realização de uma cerimônia Wesak, nem que seja só por curiosidade, você está prestando um enorme serviço a todos nós. E, de minha parte, ficarei imensamente grato.

13

O Mantra Gayatri: A Essência de Todos os Mantras

Entre todos os milhões de mantras compilados e guardados nos arquivos do Extremo Oriente, o mantra Gayatri é universalmente considerado a essência de todos os mantras. As palavras sanscríticas contêm a vibração essencial das esferas superiores de luz brilhante e também todo o seu poder e potencial espiritual.

De acordo com a cosmologia védica, existem sete círculos de luz brilhante. Cada um desses círculos ou esferas é espiritualmente mais elevado e sublime do que o precedente. Numa semelhança impressionante com os do Paraíso de Dante em *A Divina Comédia*, esses círculos luminosos são progressivamente alcançados pelo desenvolvimento espiritual humano até, finalmente, fundir-se com Deus. Então, só poderemos voltar à Terra se Deus quiser ou precisar que realizemos algum serviço, como parte do grande plano do universo.

As várias esferas de luz são as moradas dos santos e sábios, profetas e *rishis*, anjos e arcanjos, e dos Grandes Salvadores da humanidade que vêm de tempos em tempos. Apesar de existir mais de um meio de alcançar essas esferas, um meio comum a todos é o respeitável mantra Gayatri.

O mantra Gayatri é uma simples meditação focalizada na luz espiritual. Enquanto os outros mantras são ótimos para seus objetivos, esse é recitado especificamente para iluminar a mente e o intelecto. Para o verdadeiro poder espiritual, o acúmulo da suprema luz espiritual e a obtenção da iluminação, não existe nada que seja comparável ao mantra Gayatri. Praticado por hinduístas e budistas de diferentes tendências, ele é reconhecido como o recurso supremo para se alcançar a iluminação.

De acordo com os ensinamentos védicos, cada uma das sete esferas luminosas tem uma única vibração, que é uma vibração condensada de toda a esfera. É um resumo da esfera na forma de uma única palavra. Quando entoamos a vibração dessa esfera, nós a trazemos para dentro de nós mesmos. Estabelece-se então um contato entre nós e essa esfera. No início, esse contato é fraco e sutil. Mas com o tempo, com a prática espiritual constante, esse contato torna-se tão forte que a pessoa consegue manter a vibração dessas esferas mesmo enquanto estamos vivendo no corpo físico, durante as atividades corriqueiras. Em sânscrito, esse estado às vezes é chamado de *sahaja samadhi*, ou "o estado natural de iluminação".

Várias escrituras religiosas do Extremo Oriente também fazem referências a essas sete esferas. Os bodhisattvas budistas descreveram em detalhes essas esferas e as qualidades de sua luz: "a luz clara", "a primeira luz clara" e assim por diante. Os yogues hindus seguidores do Caminho Siddha (o Caminho dos Seres Perfeitos) também se referem cautelosamente a elas. Paramahansa Muktananda, mestre reconhecido mundialmente do Caminho Siddha, chegou a escrever sobre suas "jornadas" em sua autobiografia. Jesus disse, "Na casa de meu Pai existem muitas moradas". Por qualquer que seja a porta que entremos, o acesso às esferas de luz é parte do nosso destino espiritual na Terra, tanto individualmente quanto como espécie. Temos como testemunhas as palavras dos Grandes Mestres.

A Terra é a esfera mais baixa das sete esferas de luz. O som vibratório da esfera terrestre é *Bhuh*. Certos textos espirituais referem-se à esfera terrestre como *Bhuh Loka*. Deve-se notar que existem ainda outras sete esferas mais baixas e escuras ("assim na terra como no céu"). Naturalmente, muitos seres das esferas inferiores procuram chegar à primeira esfera de luz, exatamente como nós estamos tentando alcançar as esferas superiores. Quando os seres das esferas inferiores conseguem chegar aqui na Terra, ocorre a destruição. As escrituras védicas explicam detalhadamente a interatividade entre os habitantes das esferas da luz e das trevas, mas em termos corriqueiros essa é a luta que está sendo travada entre o bem e o mal.

O mantra Gayatri usa o som para invocar a vibração de cada uma das sete esferas de luz do universo, especificamente para o plano da Terra. Além disso, pela repetição desse mantra, essas vibrações de pura luz são invocadas diretamente para dentro de nós. A prática prolongada do mantra Gayatri acaba acumulando tanta luz espiritual no corpo físico que ele resiste à decomposição, mesmo após a morte.

Quando o grande yogue Paramahansa Yogananda deixou esta vida em 1952, seu corpo foi colocado num ataúde aberto, onde ficou exposto à visitação pública durante as quatro semanas em que foi pranteado, sem apresentar nenhum sinal visível de decomposição. Finalmente, surgiu um pequeno sinal de decomposição em seu nariz e o ataúde foi lacrado. O fato foi registrado e relatado pela revista *Time*.

A organização de Yogananda, a Self-Realization Fellowship, ensina uma técnica específica para o desenvolvimento espiritual. O mantra Gayatri não é essa técnica. No entanto, Yogananda praticou o mantra Gayatri em sua juventude, como fazem todos os sacerdotes hindus. De fato, as primeiras edições do livro *Autobiografia de um yogue* mostram uma fotografia dele realizando uma cerimônia de fogo Gayatri para alguns discípulos, devotos e amigos reunidos. Essa foto foi retirada do livro há muito tempo, mas quem por acaso tiver uma de suas primeiras edições, poderá encontrá-la.

Certo dia, durante o ano de 1984, quando eu estava fazendo compras em Hollywood, Califórnia, acabei entrando por acaso em uma loja da Self-Realization Fellowship (SRF). Ali, eu encontrei a Irmã Sita, uma doce velhinha que entrou para a organização quando ainda era menina e se entregou a ela enquanto Yogananda ainda estava vivo. Nesse dia, e em outros que vieram depois, ela contou-me que Yogananda costumava realizar cerimônias de fogo Gayatri em benefício de seus alunos principiantes.

Eu venho praticando o mantra Gayatri desde 1974 e o considero um dos alicerces da minha prática espiritual. Não tenho palavras para recomendá-lo altamente o bastante. O prana fica energizado. A luz da aura fica cada vez mais intensa. Você irradia uma energia positiva que faz bem a todos. Aumenta a sintonia com os mestres que também praticaram este mantra no passado. Uma paz inefável toma conta da mente. Muito bem, eu vou parar de fazer elogios, mas só depois de contar dois pequenos incidentes que me ensinaram a importância deste mantra logo que comecei a praticá-lo.

Eu vinha praticando o mantra havia apenas algumas semanas, com certeza tempo insuficiente para desenvolver alguma proficiência espiritual. Numa viagem de Washington, para a Filadélfia, fiquei hospedado num *ashram* urbano de espiritualistas que também praticavam esse mantra. Após o jantar na primeira noite, a diretora do estabelecimento estava se preparando para lavar a louça e passou muito perto de mim quando se dirigia para a pia. Quando ela passou, eu "ouvi" palavras silenciosas vindas da base de sua coluna. Eu ouvi *Om Bhuh... Om Bhuh... Om Bhuvaha... Om Bhuvaha...* muitas e muitas vezes. Essa experiência surrealista durou cerca de dois minutos e acabou quando sua presença foi solicitada em outra parte da casa. Foi algo extraordinário. Depois de refletir sobre o fato, concluí que estivera "ouvindo" sua prática espiritual. Esse breve momento continuou vivo na minha mente por todos estes anos.

Outro incidente, e este ainda mais impressionante, ocorreu quando eu servia como ministro-residente de um pequeno centro extremo-oriental sediado em Washington. Durante o tempo em que ocupei esse cargo ali, pratiquei intensamente o mantra Gayatri. O número mínimo de repetições que eu fazia era de mil por dia. Na maioria dos dias, o número era maior. Um dia, depois de tê-lo praticado por três ou quatro anos, um visitante tocou a campainha. Esse não era um acontecimento incomum, mas a pessoa que tocou a campainha não era comum. Era um jovem monge budista do Vihara (centro público) budista que ficava na mesma rua. Ele não tinha mais de 35 anos e seu sorriso radiante era contagiante.

Seguindo as regras espirituais usuais de educação e cortesia, convidei-o a entrar e ofereci-lhe uma xícara de chá. Coloquei a água para ferver enquanto o acompanhava para conhecer nossos alojamentos. Passados alguns minutos, ele me olhou atentamente e disse: "Vejo que você também pratica a fórmula mística." Respondi que não sabia do que ele estava falando. Ele sorriu e começou a entoar o mantra Gayatri. Quando minhas sobrancelhas se ergueram significativamente, ele riu de um modo amigável. Depois de uma xícara de chá e uma conversa agradável, durante a qual ele fez questão de deixar claro que partilhávamos de uma mesma prática espiritual, ele foi embora.

As pessoas com visão espiritual desenvolvida conseguem discernir as várias qualidades da luz espiritual invocadas por certos mantras. Por "ver" a qualidade da luz da minha aura, o jovem monge foi capaz de saber que mantra eu estava praticando.

Vishwamitra e o mantra Gayatri

O mantra Gayatri tem muitos milhares de anos de idade. Ele foi "descoberto" e difundido por um *rishi* chamado Vishwamitra, um rei que se empenhou arduamente para obter poder espiritual. No começo, Vishwamitra foi motivado pela inveja. Mas a inveja foi apenas um degrau que acabaria levando-o à obtenção do que ele jamais havia sonhado ser possível. Há uma grande lição nessa idéia simples. Até mesmo as nossas características mais negativas e torpes podem servir de motivação para a realização de propósitos de vida mais elevados. Eis aqui, em resumo, o relato que é contado sobre ele há muitas gerações.

Vishwamitra era um rei em todos os sentidos da palavra. Era proprietário de uma área geográfica da qual era o regente supremo. Tinha tanto súditos leais quanto detratores. Ele procurava cuidar dos habitantes de seu reino, mas como em todos os governos, havia problemas. Às vezes, quando as condições do tempo não eram favoráveis, as colheitas eram parcas e faltava comida ao povo. Nessas circunstâncias, ele se afligia para saber de que maneira poderia dispor de suas incumbências reais em benefício do povo. No fundo, era um homem de sentimentos nobres. Embora tivesse suas fraquezas, suas intenções como governante eram sinceras.

Foi justamente depois de uma colheita fraca que Vishwamitra levou seu séquito até a floresta para alguns dias de caçada e reflexão. Perto do anoitecer do primeiro dia, ele e seu bando de soldados e criados chegaram ao eremitério de um *rishi*. Como acabou se revelando, Vishwamitra fora parar no retiro florestal do poderoso e famoso *Brahma-rishi* Vasistha. O título Brahma-rishi indica um sábio da mais elevada ordem. Quem alcança esse estado chega ao máximo de conhecimento possível de ser alcançado por um ser encarnado em forma humana.

Quando Vishwamitra e seu séquito se aproximaram da modesta cabana na qual Vasistha costumava meditar, este saiu para saudar calorosamente o rei. Ele ofereceu comida ao rei e a seus homens. Vishwamitra mostrou-se amável e genuinamente interessado no bem-estar do grande sábio. Por consideração ao *rishi*, o rei disse que ele e seus homens eram muitos e que o *rishi* não deveria esgotar seus estoques de alimentos, especialmente numa época de vacas magras.

Vasistha respondeu que isso não seria problema. Ele foi até atrás da cabana e voltou puxando uma vaca pela corda. E então disse à vaca: "Providencie uma mesa farta para o rei e seus homens." Imediatamente surgiu um rico repasto sobre toalhas no chão. Era o suficiente para alimentar a todos. O rei ficou perplexo. Todos se sentaram para comer e o *rishi* pediu ao rei que se sentasse ao seu lado.

Já sentado e comendo, o rei contou a Vasistha as dificuldades para governar seu reino, com todos os seus problemas, e insinuou que um dos problemas era a imprevisibilidade das colheitas que tornava difícil alimentar o povo.

No fundo de sua mente, o rei Vishwamitra arquitetava um plano, ao qual a cada instante ia acrescentando novos detalhes. Enquanto conversavam, ele estabelecia cuidadosamente as bases sobre as quais pretendia chegar ao seu principal objetivo. Como a colheita havia sido fraca naquele ano, o rei sugeriu ao Brahma-rishi Vasistha que a vaca dadivosa poderia servir melhor à humanidade se estivesse em poder do rei. Depois de insinuar sutilmente a causa "pelo bem do povo", o rei pediu a Vasistha que lhe desse a vaca.

O sábio balançou a cabeça reconhecendo a nobreza e a veracidade do que o rei havia dito. Seria bom para o reino se o rei tivesse uma vaca como aquela. Mas, disse o sábio com muita firmeza, ele não podia dar a vaca a Vishwamitra. Um animal mágico como aquele era unicamente da alçada de um Brahma-rishi. O Brahma-rishi Vasistha pediu desculpas por não poder satisfazer o pedido do rei e continuou comendo.

O rei Vishwamitra não se deixou dissuadir e aumentou o valor da proposta. Situações de necessidade, o rei deu a entender, exigiam medidas agressivas para combater o inimigo do povo: a fome. Condições extremas imporiam provavelmente alguma forma de "medida emergencial" pela qual ele poderia confiscar a vaca pelo bem de todos. Vasistha simplesmente grunhiu.

Como não houve nenhuma outra resposta do Brahma-rishi, o rei ordenou aos soldados que pegassem a vaca pela correia. Mas, quando os soldados tentaram pegá-la, Vasistha disse algumas palavras em sânscrito para a vaca e ela se afastou rapidamente. Os soldados a seguiram, fracassando em suas tentativas de pegar a correia. Toda vez que os soldados se aproximavam, a vaca se esquivava deles. Por fim, o rei se alterou. Se o sábio não colaborasse, disse o rei, ele seria feito prisioneiro. De novo, Vasistha apenas grunhiu. Quando os homens do rei avançaram na direção do sábio e tentaram prendê-lo, não tiveram mais êxito do que quando tentaram capturar a vaca. Toda vez que eles se aproximavam, o sábio desaparecia misteriosamente e só voltava a reaparecer em outro lugar. (Isso lembra Jesus escondendo-se das massas. Em quase todas as tradições religiosas, os mestres avançados demonstram ter poderes milagrosos.)

O rei acabou perdendo totalmente a paciência. Ele não estava acostumado a ser contrariado em qualquer que fosse a questão. Impulsivamente, ele ameaçou fazer com que seus arqueiros atirassem no sábio. Vasistha grunhiu, imperturbado. Feita essa ameaça, o rei não tinha mais escolha. Suas próprias palavras o obrigavam a agir, nem que fosse apenas para evitar uma humilhação. Ele enfileirou os arqueiros e eles dispararam suas flechas na direção de Vasistha. Mas quando as flechas se aproximavam, o Brahma-rishi simplesmente abaixava seu bastão e todas elas entravam e eram tragadas instantaneamente por ele. Olhando para Vishwamitra, ele disse: "Quer que eu trague seus arqueiros também?"

Agora o rei estava realmente enfurecido, mas era esperto o bastante para reconhecer que fora derrotado. Reuniu seus homens e seus pertences e retornaram todos ao palácio. Todavia, ele continuou preocupado com Vasistha e perseguido pela idéia da vaca com seus poderes miraculosos. Não conseguia tirá-la da cabeça. Jurava para si mesmo que Vasistha tinha o dever de dar-lhe a vaca. E, no entanto, ele havia se recusado a dá-la. Vishwamitra convenceu-se de que Vasistha era desleal e não tinha o bem do povo em seu coração. O rei pensou tudo isso e mais. Mas, bem no fundo, ele sabia que tinha inveja do sábio.

O sábio tinha poder. O verdadeiro poder. E, apesar de o rei ter posição e prestígio, ele não tinha realmente poder. Não do tipo que importava. À medida que suas constatações sobre o sábio iam se tornando cada vez mais irritantes, sua inveja também aumentava. Finalmente, totalmente vencido pela inveja, ele tomou uma decisão. Ele desenvolveria o mesmo tipo de poder no seu íntimo e derrotaria Vasistha no seu próprio terreno.

Assim pensando, Vishwamitra abandonou seu reino. Renunciou a seu cargo, título e posses e retirou-se para as montanhas, onde iniciou um programa rigoroso de meditação e concentração com o propósito de atrair todas as formas de poder para a sua mente. Ele estava decidido a levar a melhor e tomar aquela vaca, se necessário, à força. E se, além disso, conseguisse humilhar o Brahma-rishi Vasistha, tanto melhor. Com uma vontade férrea, ele mergulhou cada vez mais fundo na meditação.

Depois de muitos anos, o poder de sua decisão e a força de sua disciplina eram tais que os habitantes do céu de uma esfera espiritual superior perceberam os esforços de Vishwamitra. Indra, rei dos habitantes do céu, ficou preocupado. Com tamanha determinação e força interior pensou Indra, Vishwamitra poderia acabar suplantando-o. Assim, Indra decidiu colocar em prática algumas táticas desviantes. E foi recrutar uma certa mulher celestial deslumbrantemente bela que, ele sabia, adorava um bom desafio.

Certo dia, quando Vishwamitra estava mergulhado em suas práticas espirituais, ele ouviu um som estranho como se fosse o retinir de sininhos. Depois de um certo tempo ouvindo-o, ele não conseguiu mais controlar sua curiosidade e abriu um olho para ver se podia descobrir de onde vinha aquele som. Ele estava totalmente despreparado para o que saudou sua vista. Diante dele estava uma mulher extremamente bela. Ela usava um *sari* multicolorido que cobria graciosamente suas belas curvas. E dançava. E como dançava bem!

Vishwamitra abriu o outro olho e a mulher sorriu. O brilho do sorriso dela tocou-o profundamente nos órgãos genitais e Vishwamitra percebeu que seu desejo de meditar estava diminuindo a cada instante, *Tlin-tlin-tlin. Tlin-tlin-tlin.* A mulher dançava encantadoramente ao tilintar daqueles sininhos. Não demorou para Vishwamitra ficar totalmente hipnotizado. A mulher veio sentar-se ao lado dele. "Como é seu nome, homem belo e forte?" ela perguntou. E bastou para ele ficar totalmente enamorado dela em dois segundos e completamente esquecido de suas meditações, do sábio Vasistha, da tão sonhada vaca e de tudo o mais que não fosse a nova e maravilhosa companhia dessa mulher.

Durante os dois anos seguintes, Vishwamitra e essa ninfa celestial, Menaka, fizeram amor e brincaram entre as águas das cachoeiras. Era um perfeito idílio. E Indra estava contente, pois fora ele quem recrutara Menaka para se ocupar de Vishwamitra e desviar sua mente das práticas espirituais. Mesmo tendo sido muito feliz por um tempo, certo dia veio-lhe à mente a lembrança de suas meditações e ele disse a Menaka: "Acho que vou meditar por um tempo."

Menaka respondeu imediatamente com fúria, dizendo que se ele fizesse isso, ela o abandonaria e ele voltaria a ficar completamente sozinho.

Vishwamitra ficou espantado. Aquela não era a mulher que ele achava que conhecera durante aqueles dois anos. Ele tentou explicar a ela sua necessidade de meditar, dizendo-lhe que se afastaria apenas por algumas horas, mas ela não aceitou nada disso. Por fim, ele começou a ficar desconfiado e fez-lhe as perguntas que jamais havia feito. Afinal, de onde ela havia vindo? Como o havia encontrado no seu retiro na montanha? Estava à procura dele? Com o aumento de sua desconfiança, Menaka percebeu que não conseguia influenciá-lo e desapareceu numa nuvem de fumaça azulada. Chocado, Vishwamitra sentou-se numa pedra e começou a se perguntar. Como aquilo tinha acontecido? Quem era ela? O que ele andara fazendo, e como, de repente, haviam se passado dois anos?

Ele constatou que havia abandonado completamente seu propósito de alcançar um estado espiritual elevado. Todas as idéias de vencer o Brahma-rishi Vasistha haviam se dissipado. Agora esses pensamentos haviam voltado com toda a força e ele foi tomado pelo desejo de voltar a meditar. Com uma firme determinação, ele escalou milhares de metros pelas encostas até o pico de uma montanha onde retomou sua disciplina espiritual.

Grande parte de seu progresso espiritual estava perdida. Perdera a capacidade de se concentrar e sua mente errava descontroladamente de uma lembrança ou idéia a outra, sem nenhuma seqüência lógica ou intenção racional, como se sua mente não tivesse dono. Mas ele estava decidido a recuperar o controle sobre seus pensamentos. Estava totalmente determinado a fazer que sua mente obedecesse sua vontade e não o contrário.

Depois de muitos anos de esforços concentrados para meditar, Vishwamitra venceu o estado errático de sua mente. Sua concentração tornou-se firme e sua mente capaz de contemplar e investigar qualquer objeto por um tempo prolongado. E ele começou a desbravar novas fronteiras em sua práticas meditativas.

Indra voltou a ficar preocupado com seu *status* de rei dos seres celestiais. Supondo que o que havia funcionado uma vez voltaria a funcionar, ele enviou outra mulher celestial para desviar Vishwamitra de sua meditação. Dessa vez, entretanto, ao ouvir o tilintar dos címbalos, Vishwamitra não permitiu que sua atenção se desviasse. Inteiramente focalizado em seu propósito interior, ele continuou sua prática. Mas a mulher celestial foi se aproximando cada vez mais, seu tilintar de címbalos ficando cada vez mais alto e seu perfume era uma carícia para as narinas dele. Vishwamitra ficou irritado. Num súbito ataque de raiva, ele tomou uma medida à altura de seu considerável poder espiritual e transformou-a numa pedra, consumindo nesse único gesto uma enorme quantidade de seu poder espiritual. Imediatamente, Vishwamitra percebeu que seus poderes de discernimento haviam diminuído. A clareza cristalina da existência que vinha sendo o objeto de suas meditações desaparecera. Todo o seu entendimento anterior se dissipara. Agora ele tateava à procura da chave para o conhecimento que já tivera. Havia despencado das alturas que alcançara. (Quanto à mulher, o avatar Rama apareceria muitos anos depois e a faria voltar à forma humana, e depois a enviaria para um estado espiritual elevado.)

Vishwamitra estava decepcionado e desgostoso consigo mesmo, mas não desanimado. Ele subiu um pouco mais para o alto da montanha e encontrou um novo lugar, onde imediatamente entregou-se à meditação. Ele continuava decidido a atingir um estado de desenvolvimento superior ao do Brahma-rishi Vasistha.

Enquanto isso, numa região próxima, um rei chamado Trishanku estava ficando velho. Comparado a outros governantes, Trishanku havia sido muito bom. Havia levado uma boa vida, dera bem-estar ao povo e era famoso por sua capacidade astuta de administrar os negócios do Estado. Com a proximidade da morte, ele desejava subir ao céu ainda em seu corpo físico. Sabendo que o Brahma-rishi Vasistha vivia nas proximidades, mandou um mensageiro pedir-lhe que fosse até sua corte. Quando os dois ficaram a sós, o rei confessou ao sábio seu desejo de subir ao céu ainda em seu corpo físico. Vasistha baixou os olhos e balançou a cabeça. "Isso contraria a Lei Divina. Não posso fazer isso por você. Por favor, peça qualquer outra coisa." O rei não queria nenhuma outra coisa e os dois se despediram.

Depois de Vasistha ter ido embora, um mendigo errante trouxe ao rei a notícia de que havia outro sábio poderoso meditando no Himalaia. O rei Trishanku mandou o mendigo pedir ao poderoso sábio para realizar uma cerimônia do fogo que lhe possibilitasse subir ao céu em seu corpo físico.

Vishwamitra estava em meditação profunda quando o mendigo se aproximou. Nenhuma pestana dele moveu-se. Parecia uma rocha de tão imóvel e profundamente entregue ao transe divino da meditação. Sabendo que mesmo nesse estado sublime Vishwamitra podia ouvi-lo, o homem juntou as palmas de suas mãos e fez o pedido em favor do rei. Vishwamitra não deu nenhuma resposta. Por fim, o mendigo disse que o grande sábio Brahma-rishi Vasistha havia sido incapaz de realizar a cerimônia. Essa informação atingiu-o em cheio. Era uma oportunidade imperdível. "Quem sabe quando terei outra vez uma oportunidade como essa?" Vishwamitra pensou. E imediatamente saiu do estado de meditação e deu um largo sorriso. "Eu farei isso. Vou ajudar o rei Trishanku a subir ao céu enquanto ainda está no seu corpo físico."

Era apenas um dia de caminhada até o palácio de Trishanku e o caminho era fácil de ser percorrido. Vishwamitra e o mendigo o fizeram sem dificuldades. Quando chegaram, foram saudados festivamente como importantes dignitários.

Vishwamitra apreciou essa demonstração de respeito que fez aumentar sua expectativa do dia em que venceria o Brahma-rishi Vasistha. Imediatamente, ele começou a planejar uma grande cerimônia do fogo, durante a qual mandaria o rei para o céu em seu corpo físico.

Dois dias depois teve início a cerimônia, que deveria durar três dias. Depois do primeiro dia, a multidão vinda das províncias vizinhas aumentou em várias centenas. Passado o segundo dia, mil pessoas compareceram para assistir à ascensão do corpo do rei ao céu. No terceiro dia, Vishwamitra deu início aos rituais que realizariam a façanha. Depois de muitas horas, o rei ergueu-se de seu trono e começou a subir para o céu noturno. E foi subindo e subindo, cada vez mais alto e penetrando nas profundezas escuras da noite. Logo ele quase não podia mais ser visto. Mas justamente quando estava a ponto de perder-se de vista, o rei foi localizado por Indra.

Citando a lei espiritual segundo a qual ninguém pode subir às esferas superiores da luz enquanto estiver na forma física, Indra lançou o rei de ponta-cabeça de volta à Terra. As palavras poderosas pronunciadas por Indra tinham o apoio da lei espiritual. Ao assistir horrorizado àquilo, a mente de Vishwamitra desembestou. O que teria de fazer agora? Mais de mil pessoas estavam assistindo ao vivo à queda do rei Trishanku ao solo, gritando para que Vishwamitra o socorresse. Se o rei batesse no chão, Vishwamitra ficaria para sempre desmoralizado. Ele tinha de encontrar uma solução, e rapidamente.

No mesmo instante, veio-lhe a idéia. Estendendo a mão, ele usou sua força espiritual e trovejou a ordem para o corpo do rei parar de se mover. O poder de sua disciplina espiritual conferiu autoridade às suas palavras. O corpo do rei interrompeu abruptamente seu movimento e ficou parado onde estava. Ele não podia subir porque seria uma violação da Lei Divina. E não podia cair devido ao poder da ordem de Vishwamitra. Por um compromisso que satisfazia a lei espiritual, uma nova constelação foi criada em honra do rei. Lá no Oriente, até hoje, uma constelação de estrelas mostra Trishanku suspenso de ponta-cabeça no firmamento noturno.

Mesmo tendo escapado da tragédia, Vishwamitra foi humilhado. Mais uma vez ele havia usado parte de seus poderes espirituais para satisfazer um desejo passageiro. Ele ficou se perguntando se voltaria a ser sábio. Mas seu espírito era indômito. Ele voltou a subir a montanha para dedicar-se às suas disciplinas espirituais. Por um longo tempo ele praticou fórmulas de mantras secretas e poderosas e a disciplina pranayama, um método de respiração profunda com bases espirituais e científicas (descrito no Capítulo 7). Ele vivia apenas de neve e ar. E mergulhou cada vez mais profundamente na meditação.

Finalmente, os esforços profundos de Vishwamitra chamaram a atenção de Brahma, o Criador. Brahma ficou impressionado com os esforços infatigáveis do sábio que havia sido rei e apareceu diante dele e abençoou-o. Concedeu a ele o título de Maha-rishi, ou seja, "grande sábio". Informou-o também que, se quisesse se tornar um Brahma-rishi, ele teria de procurar a bênção do Brahma-rishi Vasistha.

Vishwamitra inflamou-se. Aquele tal de Vasistha outra vez? Ele havia praticado anos e anos de disciplina espiritual, apenas para ter o nome daquele sábio lançado em sua cara — e por ninguém menos do que o próprio Brahma? Vishwamitra encheu-se de uma fria determinação. Algo decisivo precisava ser feito.

Quando Vishwamitra chegou à cabana do Brahma-rishi, Vasistha e sua esposa, Arundhati, que tinha o mesmo nível elevado de consciência, estavam conversando. Vishwamitra não pôde ouvir direito o que estavam dizendo, mas decidiu preparar um plano mortal para quando o Brahma-rishi Vasistha saísse da cabana. Olhando à sua volta, ele viu uma grande pedra e concluiu que seria perfeita para esmagar a cabeça de Vasistha quando ele aparecesse na porta. Pensando nisso, ele pegou a pedra, passou pela porta rastejando e ergueu-a acima de sua cabeça. Agora ele conseguia ouvir a conversa que estava sendo travada dentro da cabana.

Arundhati estava dizendo ao marido: "Ele tornou-se tão digno! É justo e merece que você o abençoe."

Vasistha respondeu: "É o que vou fazer. Pretendo conceder a ele a bênção suprema."

Vishwamitra perguntou-se a quem eles estariam se referindo.

Arundhati prosseguiu: "Você vai fazer dele um Brahma-rishi?"

Vasistha respondeu energicamente: "Com certeza! Ele foi aprovado em todos os testes. Vishwamitra mostrou-se merecedor em todos os sentidos. Apesar das dificuldades, ele perseverou. No início, ele foi movido pela inveja, pela raiva e pela vingança. Mas depois superou a maior parte dessas qualidades negativas. Ele foi desviado pelo desejo, mas percebeu seu erro e retomou suas práticas de meditação. Foi seduzido pela ambição de seu ego de me indispor com o rei Trishanku. Mas de novo retornou às suas práticas e perseverou. Seu espírito impregnou-se tanto das vibrações divinas que até mesmo Brahma o abençoou. Ele está totalmente preparado para o nível supremo de iluminação. Tudo o que ele tem de fazer é curvar-se a meus pés para que eu lhe conceda o título, a posição e a condição de Brahma-rishi."

Ao ouvir essas palavras, o coração de Vishwamitra derreteu-se. Sentia tanta vergonha que mal podia suportá-la. Ele refletiu sobre suas qualidades negativas e entendeu subitamente que o Brahma-rishi Vasistha vinha torcendo o tempo todo para que ele chegasse aos estados superiores que podem ser alcançados pelo ardente buscador da verdade. Agora ele percebia perfeitamente que só o sublime entendimento de um Brahma-rishi era capaz de manejar legitimamente o poder para realizar qualquer desejo que tivesse, como Vasistha havia demonstrado com respeito à vaca. A responsabilidade de um poder como esse é enorme. Ficou então evidente por que Vasistha havia se recusado a dar-lhe a vaca. A idéia de tê-la em seu baixo estado anterior era absurda. Teria sido uma irresponsabilidade espiritual se Vasistha tivesse lhe dado a vaca.

Desgostoso com sua própria arrogância e insensatez, Vishwamitra começou a golpear a própria cabeça com a pedra. Dentro da cabana, o casal divino pode ouvir as batidas da pedra golpeando a cabeça de Vishwamitra por sua própria mão. Eles correram para fora para ver o que era aquele estranho barulho.

Ao ver a cabeça de Vishwamitra sangrando, Vasistha correu e agarrou a mão que segurava a pedra. "Pare com isso! O que está fazendo?" Vishwamitra irrompeu em lágrimas e pediu perdão por seus erros e intenções malignas. Ele ficou ali, prostrado aos pés do Brahma-rishi Vasistha. Uma grande corrente divina brotou dos pés de Vasistha e percorreu o corpo de Vishwamitra. Cada célula de seu corpo foi perpassada por essa forte corrente. Todos os pêlos de seu corpo ficaram de pé. Lágrimas de devoção escorreram de seus olhos. Em apenas alguns segundos, ele foi completamente transformado.

Vishwamitra entrou espontaneamente no estado *samadhi*, ou de comunhão com o divino. Ele ficou sentado ereto, absorto num êxtase indescritível, em comunhão com todo o universo. Profundamente absorto em seu êxtase, ele ouvia sons místicos: *Om Bhuh... Om Bhuvaha... Om Swaha... Om Maha... Om Janaha... Om Tapaha... Om Satyam... Om Tat Satvitur Varenyan... Bhargo Devasya Dhimahi... Dhiyo Yonaha Prachodayat.* Ele ouvia as vibrações sonoras das sete grandes esferas luminosas superiores da própria criação.

O Supremo havia concedido a Vishwamitra a dádiva do mantra Gayatri, o mantra do próprio universo em todas as suas esferas superiores de luz espiritual.

Vishwamitra tornara-se o vidente do mantra Gayatri. Ele foi o primeiro a compreender a essência de cada esfera luminosa simplesmente pela vibração intensa que cada uma delas emite. E foi o primeiro a trazer para a Terra a dádiva do mantra cuja simples prática viria libertar milhares de buscadores devotados. E muitos milhares de anos depois, o mantra ainda é praticado e sua prática continua trazendo grandes benefícios. Ao praticar este mantra, parte da oração inicial deve ser uma rápida saudação ao Brahma-rishi Vishwamitra e seu guru, o Brahma-rishi Vasistha. Sem os esforços do Brahma-rishi Vishwamitra, poderíamos não ter este mantra aqui na Terra hoje. Sem a graça do Brahma-rishi Vasistha,

Vishwamitra poderia não se ter tornado o vidente desse grandioso mantra. Eis o mantra Gayatri.

Mantra Gayatri: fórmulas longa e abreviada

Existem duas versões do mantra Gayatri, mais conhecidas simplesmente como fórmulas longa e abreviada.

Fórmula longa

Om Bhuh, Om Bhuvaha, Om Swaha
Om Maha, Om Janaha, Om Tapaha,
Om Satyam, Om Tat Savitur Varenyam
Bhargo Devasya Dhimahi
Dhiyo Yonaha Prachodayat

"Ó Luz Auto-resplandecente que deu origem a todas as lokas [esferas da consciência], que é digna de devoção e aparece através da órbita do Sol, ilumina o nosso intelecto."

Eis a lista dos planos espirituais representados (condensados) no mantra Gayatri.

Om Bhuh (primeiro chakra)	Plano terreno
Om Bhuvaha (segundo chakra)	Plano atmosférico
Om Swaha (terceiro chakra)	Região solar
Om Maha (quarto chakra)	Primeira região espiritual além do Sol: vibração do coração
Om Janaha (quinto chakra)	Segunda região espiritual além do Sol: poder da Palavra espiritual divina
Om Tapaha (sexto chakra)	Terceira região espiritual além do Sol: esfera dos Progenitores: plano do conhecimento espiritual mais elevado ao ser que ainda

	se identifica com sua existência como indivíduo
Om Satyam (sétimo chakra)	Morada da Verdade suprema: dissolução no Supremo
Om Tat Savitur Varenyam	O plano da Verdade que está além da compreensão humana
Bhargo Devasya Dhimahi Dhiyo Yonaha Prachodayat	Do lugar em que todos os celestiais de todas as esferas foram iluminados, iluminai amavelmente nosso intelecto

Existem diversos aspectos importantes a serem observados com respeito à estrutura deste mantra. Primeiro, notamos que a sílaba *Om* é usada como prefixo de todas as palavras místicas que representam as esferas. Há uma boa razão para isso. Enquanto estamos na Terra, trabalhamos com nossa atenção consciente focalizada através da vontade. Nossa vontade é expressa em nossas decisões e atitudes diárias. A sede bioespiritual da nossa vontade está localizada no chakra frontal, um ponto que fica no meio e alguns centímetros acima das sobrancelhas. Nas situações normais em que estamos despertos, nossos olhos estão muito próximos desse chakra da vontade. Quando fechamos os olhos para meditar, esse é o lugar que o nosso olhar deve focalizar. O som seminal desse centro espiritual é o *Om*.

Se estamos empenhados numa disciplina espiritual com o propósito de trazer a essência espiritual das várias esferas da luz para o mundo físico, precisamos fazer isso com consciência e vontade. Isso é realizado pelo uso do *Om* como prefixo ao som de cada uma dessas esferas da luz. Isso também significa que nos relacionamos com todas as esferas através da autoconsciência e da atividade intencional.

Quando chegamos à frase que começa com *Bhargo Devasya*, estamos fazendo uma invocação espiritual que inclui todos os seres que já foram iluminados e que praticaram este mantra específico. Estamos pedindo às forças do universo que se manifestam conscientemente para que nos ajudem a alcançar a iluminação. Existem níveis de iluminação que são representados pelos planos individuais. Estamos agora pedindo ajuda para alcançar a meta suprema da espécie.

Fórmula abreviada

Om Bhuh, Bhuvaha, Swaha
Om Tat Savitur Varenyam
Bhargo Devasya Dhimahi
Dhiyo Yonaha Prachodayat

"Ó Luz Auto-resplandecente que deu origem a todas as lokas [esferas da consciência], que é digna de devoção e aparece através da órbita do Sol, ilumina o nosso intelecto."

Por razões que eu não entendo, a fórmula abreviada do mantra é muito mais praticada no Extremo Oriente do que a fórmula longa. Perguntei a muitos líderes espirituais do Oriente qual era a razão disso, mas nunca obtive uma resposta satisfatória.

Qual é a melhor forma para ser usada?

Quando fui iniciado na prática do mantra Gayatri, foi-me indicada a sua fórmula longa. Eu nem sabia da existência da fórmula abreviada. Por isso, nem perguntei ao meu professor qual era a diferença entre as duas. Como nunca obtive uma resposta satisfatória de nenhum professor, recomendo a fórmula longa com base na minha própria experiência.

Já falei sobre os benefícios deste mantra e quero agora acrescentar algo mais. Recomendei o uso deste mantra a um punhado de praticantes devotados em todos estes anos. Sem exceção, todos eles me informaram que novos níveis de paz desceram sobre suas mentes após apenas alguns dias de prática. Alguns disseram que começaram a perceber aspectos de sua vida que antes haviam ofuscado seu entendimento. Todos eles expressaram gratidão pela indicação deste mantra que consideraram uma verdadeira dádiva espiritual. A essas manifestações de gratidão, eu só posso acrescentar as minhas ao Brahma-rishi Vasistha, ao Brahma-rishi Vishwamitra e a meu iniciador espiritual, sem a ajuda dos quais eu jamais teria escrito este livro.

Finalmente, cada um de nós que alcança níveis mais elevados de desenvolvimento espiritual enquanto vive aqui na Terra está prestando um serviço ao planeta e a seus habitantes. A humanidade tem seu destino zelado pelos Grandes Mestres. Cada um de nós individualmente pode escolher participar ativamente da jornada que leva a esse destino. Quando essas escolhas são feitas, fica mais fácil para a humanidade como um todo evoluir. Se essas escolhas são feitas através de todos os séculos, um dia a humanidade inteira alcançará uma tal magnitude espiritual e se transformará para sempre. O mantra Gayatri exerce um importante papel atribuído por Deus na ascensão de toda a espécie humana. Portanto, sejam suas metas pessoais ou altruístas, este mantra poderá trazer grandes benefícios.

14

Mestres e Gurus

Durante os últimos trinta anos, vem ocorrendo uma afluência constante de líderes e mestres espirituais do Extremo Oriente. Instruídos por eles, os norte-americanos assimilaram o conceito de guru ou guia espiritual iluminado que orienta os devotos no caminho da iluminação, da auto-realização ou da comunhão com o amado divino. O mestre, diz-se, assume a responsabilidade pelo desenvolvimento do discípulo. Conseqüentemente, quanto mais o discípulo seguir a orientação do mestre, mais rápido será o seu progresso. Essa é a idéia geral da relação guru-discípulo.

Diferentemente do que muitos líderes espirituais nos fizeram acreditar, o guru não é uma pessoa, mas um princípio. Se um potente gerador de eletricidade não está em ação distribuindo energia, ainda assim ele continua contendo energia. Pelo simples fato de não estar sendo distribuída, não significa que a energia deixou de existir, nem que ela não possa, de repente, quando surgir a necessidade, entrar em ação. Da mesma maneira, o guru existe em cada um de nós como um princípio que pode estar ou não operando em determinado momento. Em diferentes momentos das várias vidas, de acordo com o desígnio da alma de cada um de nós, o princípio do guru começa a atuar. O verdadeiro guru não é uma pessoa a quem devemos uma obediência cega. O verdadeiro guru é um princípio que reside no âmago de cada um de nós e que nos guiará, quando estivermos preparados, em nossa jornada espiritual por muitos caminhos tortuosos. Em sânscrito, esse princípio do guru é denominado *upaguru*, ou "mestre sem forma".

As sílabas *gu* e *ru* significam respectivamente "trevas" e "aquele que as dissipa". O guru é aquele que dissipa as trevas da ignorância. Uma vez que o espírito, ou *atman*, encontra-se sempre num estado de luz e de iluminação, o que está nas trevas é a nossa mente. A mente é incapaz de conhecer a verdadeira natureza do espírito sem ajuda. Fazer a mente entender que ela tem de buscar a luz, encontrar a luz e, finalmente, render-se à luz é a função do princípio do guru. Iluminação significa mente iluminada.

Os mestres que fizeram progressos substanciais no sentido de alcançar a fusão com a luz ou que se renderam de alguma maneira ao serviço dela, são "gurus" na linguagem coloquial. Ou seja, eles nos acompanham em nossa jornada e nos oferecem ajuda. Até aí tudo bem.

Para alguns mestres, entretanto, começam a surgir mudanças sutis em sua "ajuda". Eles podem exigir uma obediência inquestionável. Podem criar situações fictícias para nos "testar". Podem incutir não apenas respeito, mas também medo em seus discípulos. Em algum momento desse processo, o mestre pode deixar de ser um estímulo espiritual para tornar-se um obstáculo.

Existem hoje, e sempre existiram, líderes espirituais bem-qualificados, bem-intencionados e úteis em quase todas as religiões. Nada do que foi dito acima deve ser interpretado como se eles não fossem boa coisa ou mesmo necessários em certas situações e para certas pessoas. Eles são ambas as coisas. Mas são humanos também. E como seres humanos, não são perfeitos. São passíveis de erros e têm desejos como todos nós. O ponto central a ser mantido em mente é que qualquer guia exterior é útil ao progresso espiritual de outra pessoa enquanto for capaz de espelhar um reflexo fiel do que seu guia interior está tentando mostrar-lhe. No momento em que deixar de refletir o guia interior do discípulo, ele torna-se um obstáculo.

Tudo isso contraria a tradição da relação guru-discípulo amplamente praticada tanto no hinduísmo quanto no budismo. Entretanto, o princípio do *upaguru* encontra-se claramente definido em seus próprios textos esotéricos. Esse conceito também é reconhecido no Ocidente, embora de uma maneira diferente.

O psicólogo Carl Jung introduziu a idéia de sincronicidade na nossa visão de mundo ocidental. Sincronicidade significa simplesmente que fenômenos não-relacionados podem ter uma aparente relação causal para o observador. Por exemplo, você começa de repente a pensar numa pessoa com quem tem uma relação íntima, mas que não vê há algum tempo, ao ouvir no rádio uma canção que o faz lembrar dela. E então, milagrosamente, em alguns segundos, o telefone toca e é essa mesma pessoa que entra em contato com você. Jung chamou isso de evento sincrônico. De acordo com os ensinamentos do Extremo Oriente, eventos como esse são obras do upaguru.

Mas se o upaguru é tão eficaz, poderia parecer que nunca teríamos necessidade de um guia ou guru fora de nós. Seria só seguir o mestre interior e tudo andaria bem. Mas pode acontecer às vezes da nossa mente não ter como saber realmente para onde o guia interior está nos levando. Em tais situações, o melhor a fazer é seguir a orientação de alguém mais experiente.

É claro que essa decisão não ocorre sem problemas. Como somos os menos avançados, podemos não saber realmente distinguir entre quem é o mais desenvolvido e quem é apenas um pouco desenvolvido. Quase todos os buscadores se vêem nessa situação difícil em um momento ou outro do seu desenvolvimento espiritual. A saída desse apuro está em praticar uma disciplina espiritual como a dos mantras.

Nossa prática de mantras fortalece o vínculo consciente entre a mente e a atuação do princípio upaguru. Se houver necessidade de um mestre por algum tempo, a prática espiritual nos conduzirá ao mais apropriado. A prática continuada vai garantir que permaneçamos com ele apenas o tempo necessário, seja um dia, um ano ou dez anos. Por razões espirituais um discípulo pode passar toda a vida com um determinado mestre. Mas é muito mais comum uma pessoa ter vários mestres durante o curso de uma encarnação, uma vez que cada alma tem seu próprio plano de desenvolvimento.

Quando praticamos mantras, é comum obtermos seus benefícios e atributos. A voz pode ser dotada de um poder sutil em conseqüência de os chakras vibrarem cada vez com mais energia. Os próprios mantras recitados ganham mais força na pessoa que os recita. Em algum momento depois de muita prática, o poder do mantra chega a um estágio em que a mera repetição dele repercute em toda pessoa que o ouve. É nesse estágio que o praticante pode "iniciar" outros na disciplina dos mantras, como acontece na tradicional relação guru-discípulo.

Iniciar nesse contexto significa dividir um mantra "com poder" com um discípulo merecedor. O mantra é dado "com poder" para que o discípulo possa se desenvolver muito mais depressa do que faria simplesmente praticando o mantra sozinho a partir do zero. A iniciação feita por um mestre qualificado pode reduzir em muitos anos, ou em muitas vidas, os esforços de um discípulo.

Essa é uma grande dádiva. É por essa razão que a relação guru-discípulo ficou mais forte nas tradições espirituais do Extremo Oriente. Mas, mesmo nelas, o guia ou guru físico é um mero instrumento do upaguru, o guia interior de cada um de nós.

O verdadeiro mestre espiritual sabe que o upaguru é o mestre sem forma, o guia no interior tanto dele mesmo quanto do discípulo. O verdadeiro mestre espiritual sabe que é o upaguru que nos incita a buscar antes de tudo a verdade e que é o upaguru que em algum momento nos conduz a um guia exterior qualificado.

A natureza da nossa fisiologia espiritual, conforme vimos no Capítulo 2, garante que a prática de mantras trará resultados significativos. E nem poderia ser de outra maneira. Mas o guia certo na hora certa pode acelerar nosso progresso no caminho da iluminação.

Portanto, reconheça o mestre que possa vir a surgir na sua vida e seja grato pelo que receber. Mas nunca se esqueça de que até mesmo os maiores mestres são meros criados do seu guru interior. Pois, se os professores externos forem verdadeiramente grandes, eles procurarão apenas servir. Os mestres espirituais realmente avançados e instruídos não estão presos a seus discípulos.

Muitos de nós já passaram por situações em que tiveram a certeza de que era hora de deixar uma organização ou liderança. Pode ser que tenham encontrado um ou mais mestres muito importantes e permanecido com eles por algum tempo. Mas, em algum momento, o guia interior deixou claro que era hora de seguir em frente. Ou, talvez, o mestre tenha morrido. Em algum momento, temos de reconhecer o que recebemos de um determinado mestre em certo lugar e seguir o upaguru para a lição seguinte, em outro lugar.

A maioria de nós responde aos incitamentos constantes do upaguru. O guia interior visa o mundo exterior, com tudo o que ele contém, como uma escola para o nosso desenvolvimento. O upaguru pode nos conduzir a um determinado ministro ou líder por um tempo. Então, podemos nos ver mudando totalmente de rumo por um tempo. Conheci pessoas que passaram do hinduísmo védico para o budismo e, depois, passaram muitos anos empenhadas em assimilar a sabedoria dos índios americanos. Mais tarde, elas podem reaparecer seguindo uma tendência judaica ou cristã mais ortodoxa. Não uma, mas muitas vezes, vi estudantes, incitados pelo upaguru, seguirem alguma variante desse caminho tortuoso. Mas qualquer que seja a prática religiosa para a qual as pessoas em busca espiritual acabem retornando, elas jamais voltarão a ser as mesmas de quando partiram.

Quase sem exceção, o retorno a algum caminho espiritual ortodoxo é marcado de alguma forma por um entendimento mais abrangente. O buscador sabe que Deus está em todas as religiões e em todos os caminhos. Ele sabe que, pelo simples fato de o canto de sua própria sereia distanciá-lo 180 graus de seu vizinho, ninguém é detentor da verdade absoluta. Como Jesus disse, "Na casa do meu Pai existem muitas moradas. Se isso não fosse verdade, eu vos diria".

Para assegurar que o caminho esteja desimpedido para o seu mestre interior chegar à sua mente consciente, é importante praticar o mantra abaixo. Vale a pena notar que esse mantra contém o som seminal *Gum* que, tradicionalmente, tem relação com Ganesha e com a remoção dos obstáculos. Esse mantra ajuda a remover os obstáculos que podem estar obstruindo o caminho do nosso guia interior para a nossa mente consciente e alerta.

Om Gum Gurubhyo Namaha

"Om e saudações àquele que dissipa as trevas da ignorância e todos os seus obstáculos."

15

Quem Você Quer Ser?

Nascemos numa hora e num lugar determinados. Nosso código genético é específico e exato. A um olhar casual, parece que temos aberto diante de nós um horizonte de possibilidades ilimitadas. Podemos fazer tudo o que quisermos, nos tornar o que ou quem quisermos. Com força de vontade e trabalho, podemos realizar qualquer coisa. Ou é assim que pensamos.

Quando nascemos no universo, nossa vida se abre diante de nós com possibilidades inimagináveis. Mas essas possibilidades que parecem infinitas são em parte uma ilusão.

O lugar em que nascemos, tanto geográfica quanto culturalmente, começa a definir nossas escolhas. Nascemos num ambiente de prosperidade e cultura ou de pobreza e carência? Nosso DNA começa a definir nossas escolhas: seremos comuns ou extraordinariamente belos? Mental e fisicamente fortes e saudáveis ou fracos e doentios?

Então o karma de nosso desígnio astrológico começa a ser sentido. As qualidades do posicionamento do Sol em nosso mapa astral começam a influenciar nossas necessidades, desejos, escolhas e predisposições. Os alinhamentos planetários apresentam padrões energéticos facilitadores ou dificultadores, influenciando não apenas os acontecimentos, mas também nossa personalidade, enquanto somos obrigados a nos adaptar às potencialidades positivas e negativas presentes nos alinhamentos.

Depois, a parte do karma do repositório adormecido das ações e decisões de vidas passadas jaz à espera de ser liberada com efeitos inexoráveis quando surgir a situação apropriada.

Quase imediatamente depois de termos vislumbrado uma quantidade quase infinita de possibilidades, surge uma série de forças limitadoras.

Diferentemente das plantas, a vida dotada de vontade consciente inclui os elementos de escolha e decisão. Essa é a grande diferença entre os seres racionais e irracionais. Embora não possamos deixar de responder às leis da física que controlam tudo no nosso corpo, da pressão hidrostática da atividade capilar até a necessidade de sono, não podemos tampouco deixar de responder ao nosso karma e à nossa necessidade de evoluir. Essas forças nos impulsionam tanto individualmente quanto como espécie. Mas ainda assim, a humanidade tem o poder de escolher.

Fazemos escolhas todos os dias. É a natureza dessas escolhas e as conseqüências delas resultantes que determinam todos os acontecimentos da nossa vida. Nossas decisões trançam e tingem o tecido de nossa existência dia após dia e vida após vida.

Alavancas esotéricas

A consciência inclui inevitavelmente a atividade intencional. Certas decisões e ações podem ser comparadas a alavancas que atuam sobre a nossa vida. Coloquialmente, falamos em vencer pelo nosso próprio esforço. Essa é uma boa analogia. As antigas disciplinas espirituais invocam poderosas forças espirituais que operam de muitas maneiras.

As ações que os mantras conseguem produzir podem ser tão suaves e delicadas quanto a ondulação provocada por uma pedra lançada num lago de águas mansas, mas que tem efeitos de longo alcance no seu universo particular. Ou podem ser tão devastadoras quanto uma explosão de dinamite, que provoca a mudança do curso do rio que abastece o lago, desviando-o inteiramente e, com isso, estendendo seus efeitos sobre uma vasta área.

Tudo depende da intensidade com que empreendemos essas disciplinas e de onde estávamos quando iniciamos. Se as praticamos em outras vidas, podemos simplesmente estar dando continuidade ao que já fizemos. O progresso pode ser rápido. Mas é bem provável que estejamos começando a praticar essas novas disciplinas nesta vida. Nesse caso, o progresso pode estar relacionado com a situação de nosso karma em geral, no momento em que começamos. Ninguém pode saber ao certo.

Toda disciplina espiritual é uma alavanca para mudanças na vida. As coisas que queremos mudar podem ser pequenas ou monumentais. Às vezes, achamos que sabemos qual é a diferença, quando de fato ignoramos os efeitos que podem resultar de certas ações.

Suponhamos, por exemplo, que uma pessoa queira ficar rica. Certos mantras podem acabar concretizando esse sonho. O tempo para alcançá-lo depende do karma passado da pessoa, da intensidade da disciplina, da quantidade de tempo dedicada diariamente à sua prática, da quantidade total de tempo dedicada à realização da meta, e assim por diante.

Suponhamos ainda que uma pessoa com relativamente pouco entendimento da Lei do Karma ou das conseqüências kármicas de suas ações encontra e pratica um mantra que lhe trará riquezas materiais. Suponhamos que essa disciplina seja praticada com intensidade e devoção até a meta ser alcançada. Então, todo um novo domínio de atividade kármica em potencial entra em ação, trazendo novas questões. Como a riqueza vai afetar o processo de tomadas de decisão dessa pessoa agora rica? Será fria e calculista para manter e aumentar suas riquezas? Será sensível às necessidades dos outros e procurará ajudá-los?

Não podemos saber o que faremos em todas as situações futuras. Mas podemos determinar que tipo de pessoa queremos ser e nos esforçar para alcançar esse estado. Pois, enquanto lutamos para obter determinados resultados ao longo desse processo, esse estado de ser está presente em todas as circunstâncias.

Essa é a meta final e suprema de toda disciplina espiritual, inclusive da prática de mantras sanscríticos.

Quem você quer ser?

Alcançar a virtude e um estado ideal de ser é a principal meta da disciplina espiritual. A pessoa pode decidir se quer ser uma "pessoa boa", uma "pessoa espiritualizada" ou uma "pessoa íntegra".

Pode decidir que sua meta é juntar-se a um dos grandes personagens espirituais da história. O ideal espiritual supremo a ser alcançado por algumas pessoas é comungar com o Corpo de Cristo. Ou unir-se a Krishna para sempre. Ou tornar-se um Iluminado como Buda. Ou ainda participar conscientemente do processo ativo da Mente Cósmica, Purusha

Transcendental ou Realidade Suprema (ou qualquer que seja o nome que lhe dêem). Diariamente, muito poucas pessoas tomam esse tipo de decisão espiritual. Mas os efeitos dessas poucas decisões e a busca ativa de ideais baseados nessas decisões decidirão com o passar do tempo o destino da humanidade.

De maneira que, agora que estamos chegando ao final da nossa apresentação dos mantras sanscríticos, comece o importante processo de tomada de decisão, perscrutando o âmago de sua natureza espiritual em busca do seu ideal espiritual. Depois de tê-lo encontrado, dedique todas as suas práticas e disciplinas espirituais à realização suprema de sua natureza ideal.

Isso não quer dizer que você tenha de abandonar suas metas imediatas de alcançar, por exemplo, conforto material, um casamento feliz, um bom emprego, boa saúde, etc. Quer dizer que você simplesmente determinou uma meta suprema com base na sua própria natureza. A partir dessa definição, você vai acabar concluindo que o caminho e o destino final são, na realidade, um só.

O que você vai fazer com a riqueza? O que você vai fazer com o verdadeiro poder? O que você pretende realizar, interior e exteriomente? Por exemplo, como chegar a um estado de Amor se não está amando? As respostas a essas perguntas decidirão o seu destino por muitas vidas.

Que seus esforços sejam bem-sucedidos

Este livro foi escrito para ajudar você a resolver os problemas materiais e espirituais da sua vida por meio de mantras sanscríticos, usados como instrumentos para mudar as circunstâncias nas quais você se encontra.

Se você está se sentindo um pouco confuso por ser esse o seu primeiro contato com os mantras, mas mesmo assim está disposto a praticá-los, procure proceder da seguinte maneira: Terminada a leitura do livro, esqueça-o por alguns dias. Procure não pensar absolutamente em mantras. Mas, antes de dormir, peça orientação quanto ao mantra que seria melhor você praticar. Depois de três dias fazendo esse pedido, volte a pegar este livro. Passe os olhos pelo Sumário e veja se algum dos capítulos parece conter mais energia do que os outros. Consulte então esse capítulo. É bem possível que haja um capítulo mais atraente para você do que os outros. Pode haver um mantra nesse capítulo que sirva para a sua situação atual e que, praticado, traga resultados positivos. Se isso não ocorrer, continue folheando o livro até que algo prenda a sua atenção por algum motivo.

Qualquer que seja o mantra que você decida colocar em prática, que seus resultados sejam positivos e superem todas as suas expectativas quanto à satisfação de suas necessidades materiais e à realização de seus objetivos espirituais.

Que você transforme em realidade todo o seu potencial. Que o amor que anima todas as células do seu corpo impregne todos os pensamentos de sua mente. Que a alegria do universo o preencha em todos os momentos. E que o poder de compaixão do Supremo fortaleça todas as suas ações e satisfaça todas as suas necessidades. Ao alcançar isso, você saberá que:

Tattwam Asi

"Você é o que busca."
(Literalmente, "Eu sou isso".)

E, finalmente, que a energia do Amor o envolva completamente. Quando somos curados em todos os sentidos, alcançamos inevitavelmente a condição do Amor.

1. **O Amor está baseado na União.** Amar algo é, de alguma forma, ser parte desse algo.
2. **O Amor implica Entendimento.** Para amar algo, inevitavelmente temos de saber algo sobre o objeto amado. E o amado revela seus segredos ao amante.
3. **O Amor é uma manifestação de Abnegação.** O ego, com seus desejos e interesses mesquinhos, é subordinado a algo maior.
4. **O Amor é Transcendental.** Além dos limites humanos, o Amor comumente evoca milagres que respondem ao próprio chamado do Amor.
5. **No Amor, os meios e os fins são uma mesma e única coisa.** Não há outro meio de se alcançar a condição ou estado do Amor senão amando.

6. **O Amor pode ser uma dádiva de Deus.**
7. **Amar significa servir.** O amor passa rapidamente do plano do exprimível para o plano do inexprimível. Ficamos rapidamente sem meios de expressá-lo. No entanto, são muitas as suas possibilidades de expressão através do serviço aos outros.
8. **A busca do Amor é o fim de todas as buscas.** Se desejamos o poder, mas não temos Amor, nossa busca é estéril e nossas conquistas, vazias.
9. **O Amor é o lugar em que nascemos, nosso último refúgio e nossa razão de ser.** Se reconhecemos que a Compaixão e o Amor são o propósito supremo da nossa busca, o próprio Coração do Universo responde.

Que você saiba no fundo de seu coração que:

Aham Prema

"Eu sou o Amor Divino."

Glossário de Termos Sanscríticos e de Outros Termos

Adeptos (ou iniciados) — Seres espiritualmente desenvolvidos, com aptidões e conhecimentos esotéricos.

Aditi — O nono dos doze nomes ou poderes do Sol.

Ahankara — Vaidade, presunção.

Ajna, chakra — Centro espiritual situado entre as sobrancelhas, comumente chamado de sexto chakra, onde as correntes de energias masculina e feminina do corpo se encontram e se unem. A fusão das duas correntes produz o som interior "Om".

Anahata, chakra — O centro espiritual do coração.

Angaraka — O planeta Marte.

Arkaya — O décimo primeiro dos doze nomes ou poderes do Sol.

Ashwini Devatas — Classe de devas ou anjos da cura.

Astrologia — Ciência que estuda os efeitos das vibrações produzidas pelo Sol, pelos planetas e outros corpos celestes sobre a vida dos seres humanos. A abordagem oriental dessa antiga ciência toma como referência a Lua, e a ocidental, o Sol.

Atman — A chama divina que arde no chakra Hrit Padma e que tem vários outros nomes.

Auto-realização — Estado de consciência no qual a essência una do universo tanto é sentida quanto entendida. Esse estado também é chamado de consciência cósmica.

Avatar — Um ser divino desprovido de karma, que vem ao mundo para realizar tarefas específicas para o bem da humanidade. Existem muitas variedades e tipos de avatar.

Avish-vasa — Desconfiança ou suspeita generalizada.

Bhanu — O quarto dos doze nomes ou poderes do Sol.

Bhaskara — O último dos doze nomes ou poderes do Sol.

Bhaya — Medo.

Bija, mantra — Um som seminal cujo poder espiritual tem de ser ampliado ou desvelado pela sua repetição, comumente como parte de um mantra mais extenso.

Bodhisattva, Juramento — Voto budista de servir ao desenvolvimento de todos os seres sensíveis (conscientes e autoconscientes). Uma combinação natural de compaixão e espírito de servir.

Brahma — Deus védico personificado que representa o universo e tudo o que ele contém.
Brahma-rishi — Sábio (rishi) que atingiu um dos estágios mais elevados de conhecimento possíveis enquanto ser individual. Alcançar esse estado só é possível através de uma combinação de esforço e graça.
Brâmanes ou Brâmines — Classe dos sacerdotes, a casta mais elevada da Índia.
Budha — O planeta Mercúrio.

Caduceu — Símbolo geral da medicina, representado por duas serpentes enroscadas num bastão, com asas abertas na parte superior do bastão, onde as serpentes se encontram. Também conhecido como Bastão de Hermes.
Chakra — Em sânscrito, significa literalmente "roda". Entretanto, seu significado comum refere-se aos vários centros espirituais localizados no corpo etérico. Embora existam dezenas de chakras no corpo etérico, os seis localizados ao longo da coluna e o sétimo situado no topo da cabeça são os mais conhecidos.
Chandra — A Lua.
Consciência cósmica — Termo que designa um estado de consciência, também chamado de auto-realização, no qual a essência una do universo tanto é sentida quanto compreendida.
Corpo etérico ou sutil — Corpo energético que interpenetra o corpo físico e interage com ele. É nele que estão os chakras.

Dambha — Arrogância.
Deva Lingua — Linguagem divina, referência ao sânscrito.
Dhanvantre — O Médico Divino.
Dharma — Lei Divina.
Dum — Som seminal de Durga, o poder feminino da proteção.
Durga — Personificação do poder feminino da proteção.

Eim — Som seminal de Saraswati, a personificação do poder feminino do conhecimento, da música e do som sagrado.
Encarnação — A vida num corpo físico. Considera-se que cada pessoa encarna muitas vezes em sua jornada até a libertação do espírito, quando não restar mais nenhum karma para ser trabalhado.

Gana — Em um contexto, poder; em outro, grupo.
Ganesha (também chamado Ganapathi) — A personificação do poder da união que remove os obstáculos e estabelece a ordem dos diferentes poderes e potenciais espirituais.
Gayatri, mantra — O mantra comumente considerado "A Essência dos Vedas". Esse mantra, que envolve a luz e o som espirituais, é praticado pelos hindus de todas as castas e por algumas correntes do budismo que praticam mantras.
Glaum — Outro som seminal de Ganesha, que tem grande poder para remover bloqueios entre os centros genital e da garganta.
Grihna — Aversão ou asco em geral.

Guha — Personagem divino que encarnou no avatar Rama e exerceu a função de barqueiro. Seu encontro com Rama resultou na bênção pela qual o poder do nome de Rama removeria o karma e levaria à libertação.

Gum — Som seminal de Ganesha, também conhecido como Ganapathi, o poder da unidade que remove os obstáculos e estabelece a ordem dos vários poderes e potenciais espirituais.

Gurave — O planeta Júpiter.

Guru — Mestre espiritual iluminado, com poder para transmitir energia espiritual usando um ou mais métodos.

Hanuman — Chefe símio que tornou-se o principal criado do avatar Rama.

Haum — Som seminal de Shiva, personificação da consciência universal.

Hinduísmo — A mais antiga religião do mundo, que surgiu na Índia há pelo menos cinco mil anos de acordo com certas fontes e muito antes, segundo outras.

Hiranyagarbha — O sétimo dos doze nomes ou poderes do Sol.

Hrim — Som seminal do Hrit Padma.

Hrit Padma — Chakra esotérico situado logo abaixo do chakra do coração, comumente chamado de Coração Sagrado.

Hum — Som seminal do chakra Vishuddha, situado na região da garganta, no corpo etérico.

I Ching — Livro chinês de oráculos, instrumento que pode servir tanto como fonte de aprendizagem quanto como guia prático.

Ida — A corrente de energia masculina no corpo etérico. Uma das serpentes que aparecem no Caduceu.

Irsha — Ciúme.

Jagadamba — Termo que designa "A Mãe do Mundo". Todas as pessoas ou arquétipos femininos podem ser designados por esse termo. Por exemplo, Maria, no cristianismo, é uma jagadamba.

Jagadguru — Mestre iluminado do mundo. As personagens espirituais em torno das quais se formaram as grandes religiões do mundo são exemplos de jagadgurus.

Jaya — Vitória.

Jnana — Conhecimento espiritual.

Kalachakra — Literalmente, a "Roda do Tempo". A divindade Kalachakra do budismo tibetano é um símbolo concreto da influência do tempo, representada por uma união de seres masculino e feminino ou de partes de um mesmo ser. Essa união dos aspectos masculino e feminino é conhecida como *yub-yum* no budismo tibetano.

Kama — Desejo. Também significa desejo doentio, em certas situações.

Kapata-Ta — Falsidade, engano intencional.

Karma — A Lei de Causa e Efeito. A soma total das ações e pensamentos que provocam uma reação ou retorno da mesma energia. O ciclo de reencarnações ou renascimentos continua até todo karma ser equilibrado ou neutralizado.

Karma Agami — Karma que retorna desta e de outras vidas.

Karma Kriyamana — Resultados imediatos das ações atuais.

Karma Prarabdha — Karma planetário representado pelo mapa astral em forma de uma encarnação ou nascimento específico.

Karma Sanchita — Soma total de todo o karma de todas as vidas.

Ketu — O nodo (pólo) kármico sul da Lua.

Khaga — O quinto dos doze nomes ou poderes do Sol.

Kheda — Desânimo paralisante.

Klim — Som seminal para atrair.

Krim — Som seminal de Kali, a energia feminina da destruição do ego negativo.

Krodha — Raiva.

Ksraum — Som seminal de Narasimha, o avatar Homem-Leão de Vishnu.

Kubera — Antigo ente espiritual, cujas disciplinas espirituais o levam a uma posição de supremacia sobre a riqueza.

Kundalini — O grande repositório de energia feminina que jaz enroscado na base da coluna. Despertar essa energia e fazê-la subir pela coluna é a essência do progresso espiritual.

Laja — Vergonha.

Lakshmana — Irmão mais novo de Rama, que o acompanhou em seus doze anos de exílio na floresta.

Lakshmi — Personificação da energia feminina que representa todos os tipos de riqueza e abundância.

Lam — Som seminal do primeiro chakra, situado na base da coluna.

Lobha — Cobiça, avidez.

Loka — Plano ou nível de existência. Diz-se que existem sete *lokas* superiores de luz, dos quais apenas três têm existência física, além de sete inferiores de trevas. Os seres espirituais ocupam os lokas de luz e os espíritos negativos os planos ou lokas inferiores. Diz-se que a Terra é a primeira, ou a base das esferas superiores de luz. Assim, os espíritos negativos estão sempre procurando chegar aqui, onde podem provocar devastação.

Ma — Som que ressoa na corrente feminina ou lunar no lado esquerdo do corpo e que transporta a pingala.

Mada — Orgulho paralisante.

Maha — Grande. Também um plano (Maha Loka) no universo não-físico tido como lugar habitado por sábios e santos de elevado nível de realização.

Mahamaya — A grande ilusão desta realidade.

Maha Mrityunjaya, mantra — O grande mantra para vencer a morte e a doença. Markandeya é o vidente desse mantra.

Maha-rishi — Grande Sábio.

Mah-Na — Raiva guardada entre duas pessoas.

Mala — Rosário.

Manipura, chakra — O terceiro chakra situado no plexo solar.

Manjushri — Representação tibetana do arquétipo ou ser que empunha a espada do poder de discriminação.

Mantra — Fórmula espiritual sanscrítica.

Mantra Siddhi — O poder alcançado por aquele que desvela o poder do mantra através de sua repetição.

Marichi — O oitavo dos doze nomes ou poderes do Sol.

Markandeya — Sábio de dezesseis anos que ficou livre da necessidade de renascer por uma prece a Shiva, que ficou sendo conhecida como Mantra Maha Mrityunjaya. Markandeya é o vidente desse mantra praticado para vencer a doença e a morte.

Mata — Mãe.

Matsarya — Inveja.

Meru, conta — A "primeira conta" de um mala ou rosário. Considera-se que o poder de repetição do rosário fica guardado ali.

Mitra — O primeiro dos doze nomes ou poderes do Sol.

Moha — Apego doentio.

Mudra — Gesto divino. Diz-se que a posição exata dos braços, mãos e dedos produz efeitos energéticos específicos se praticada por um Iniciado ou indivíduo espiritualmente avançado.

Muladhara, chakra — O primeiro chakra localizado na base da coluna.

Nada Brahma — O som do universo.

Nadis — Linhas ou canais astrais de nervos, semelhantes às veias, que percorrem o corpo etérico.

Namaha — "Saudações" ou "Eu saúdo". Existem diversas palavras que expressam essa idéia. Esse termo é de terminação neutra. Ver também "Swaha".

Narasimha — Avatar Homem-Leão de Vishnu.

Narayana — Personificação da origem de toda essa realidade, inclusive de Brahma. Também, e simultaneamente, a chama tripla que arde no chakra Hrit Padma. Essa aparente dualidade é para demonstrar que, apesar da aparente separação, nunca estamos realmente separados de Deus ou do Divino.

Novena — Disciplina de oração católico-romana normalmente realizada durante nove dias, mas sua duração pode variar de acordo com o propósito.

Om — Som seminal do sexto chakra, ou da fronte, no corpo etérico. Também, o som que é ouvido quando as correntes de energias masculina e feminina, Ida e Pingala, se encontram e se fundem nesse ponto.

Parameshwari — O Feminino Supremo.

Pingala — Canal de energia feminina no corpo etérico. Uma das serpentes que aparecem no Caduceu.

Pishu-Nata — Inconstância, volubilidade.

Prajapathi — "Ancestrais" da raça humana. Esses seres de luz auxiliaram no processo de dotar a raça humana do aspecto divino, doando parte de sua própria essência há tantos milênios que não se sabe ao certo de onde veio essa idéia.

Prana — Energia vital que preenche o corpo humano. Existem cinco tipos dessa energia:

Prana — A energia que circula no corpo. Ela pode ser transferida de uma pessoa para outra, como ocorre em certas práticas de cura.

Samana — A energia que existe uniformemente por todo o corpo e que distribui a energia dos alimentos digeridos.

Udana — A energia que separa a consciência do corpo durante o sono.

Upana — A energia que controla o processo de eliminação da energia e dos resíduos tóxicos do corpo.

Vyana — A energia que proporciona a sensação do toque ou o sentido do tato.

Puja — Culto cerimonial.

Purusha — Realidade ou mente suprema transcendental. O agregado espiritual espírito-mente da humanidade, e também mais do que isso.

Pushne — Termo sanscrítico para designar o sexto dos doze nomes ou poderes do Sol.

Ra — Som que invoca energia na corrente masculina Ida no corpo sutil.

Rahu — O nodo kármico norte da Lua.

Ram — Som seminal do terceiro chakra situado no plexo solar.

Rama — Avatar de Vishnu.

Ravi — O segundo dos doze nomes ou poderes do Sol.

Rudraksha — Uma baga encontrada no norte da Índia que, quando seca e dura, é perfurada e perpassada por um fio para formar um colar de orações chamado "mala" (rosário). Considera-se que essa baga é especialmente importante para apreender as energias de Shiva e Durga (Kali).

Sábio (sage) — Pessoa ou ser com conhecimento espiritual palpável.

Sadhana — Disciplina espiritual regular.

Sam-Brahma — Estado generalizado de agitação constante.

Samsara — O "oceano de renascimentos" que o espírito tem de atravessar até alcançar as margens da libertação desses renascimentos.

Sandhya — O encontro do dia com a noite. O crepúsculo e o alvorecer são considerados momentos do dia espiritualmente poderosos. Muitos mestres das tradições espirituais do Oriente orientam seus discípulos a praticar suas disciplinas espirituais nessas horas.

Sânscrito — Língua que não é mais falada por nenhuma nação ou grupo, mas que continua sendo amplamente usada nas religiões hinduísta e budista. Diz-se que o alfabeto dessa língua está inscrito sobre as pétalas dos chakras, dando a ela os títulos de "Linguagem dos chakras", "Linguagem dos deuses" ou "Linguagem divina".

Saraswati — Energia feminina representante das artes, das ciências, das buscas espirituais e de todos os tipos de conhecimento.

Sat — Verdade. Também chamada "Satyam".

Saturno, retorno de (também conhecido como "Período de Saturno") — Período em que o planeta Saturno volta ao ponto exato que ocupava na hora do nascimento de uma pessoa. Considera-se que esse "retorno" dá início a um novo ciclo de aprendizagem de 28,9 anos. Esse é o tempo que Saturno leva para dar a volta ao redor do

Sol. A maioria das pessoas tem em sua vida dois períodos de retorno de Saturno, aproximadamente aos 29 e aos 59 anos de idade.

Savitre — O décimo dos doze nomes ou poderes do Sol.

Seer — Ver Vidente.

Shabda Brahma — O som sagrado do universo, também conhecido como Nada Brahma.

Shaivismo — O estudo da consciência e de seus atributos através de Shiva, comumente conhecido como o princípio masculino do universo.

Shakti — Termo genérico para designar a energia ou poder feminino. Ver "Kundalini".

Shani — O planeta Saturno.

Shanti — Estado dinâmico de paz.

Shiva — Personificação da consciência, considerada masculina.

Shoka — Mágoa.

Shrim — Som seminal de Lakshmi, a energia feminina da abundância.

Shukra — Nome sanscrítico do planeta Vênus.

Shu-Shupti — Preguiça, indolência.

Siddha — Aquele que alcançou o *siddhi*.

Siddhi — Poder ou capacidade espiritual.

Sikhismo — Religião mundial resultante da fusão do hinduísmo com o islamismo. Os praticantes do sexo masculino nessa religião costumam usar turbantes e cabelos compridos.

Subramanya — Primeiro filho de Shiva no panteão hinduísta. Também chamado Kartikeya e Skanda.

Suktam — Hino, comumente a uma divindade específica, como o Suktam a Narayana ou o Suktam a Purusha.

Surya — O terceiro dos doze nomes ou poderes do Sol.

Swadhisthana, chakra — O segundo chakra, situado no centro genital.

Swaha — Outro termo para dizer "Eu saúdo" ou "Eu ofereço". Esse termo indica uma terminação feminina. Ver também "Namaha".

Tantra — A união das energias masculina e feminina para um determinado propósito. Esse termo é um dos mais confundidos do léxico oriental. Em sua essência, significa "trabalhar com a energia da natureza ou com a energia disponível no universo como um todo". Um canal que dá acesso a essa energia é o poder inerente às mulheres. Ritos tântricos nos antigos templos hindus procuravam dar ao sacerdote o poder inerente às mulheres por meio de atividades sexuais ritualísticas.

Tara — Mãe Universal, para os tibetanos.

Upaguru — O "mestre sem forma" onipresente que pode manifestar-se de modos aparentemente bizarros. Ele pode aparecer como "o artigo de revista que parece ter sido escrito especialmente para você", ou "a frase dita por um ator de um drama televisivo que mexe com você a ponto de você saltar da poltrona". Esses são exemplos de como o upaguru pode lhe ensinar e orientar. É um princípio presente em todos nós.

Upanishads (Upanixades) — Textos sagrados sumarizados durante milhares de anos. O que existe hoje é apenas o que restou do que um dia existiu.

Vajra — Raio com trovão. Usado predominantemente em fórmulas espirituais tibetanas.

Vajrapani — O Grande Iniciador. Com uma aparência bela ou horrenda, Vajrapani comumente é representado empunhando um raio com trovão, símbolo de seu imenso poder. Como protetor dos tibetanos, ele afasta as influências demoníacas. Como o Grande Iniciador, revela os mistérios da prática espiritual aos devotos sinceros.

Vajrasattva — O Grande Purificador. A recitação do mantra tibetano de cem sílabas é um elemento essencial das práticas budistas. A visualização que acompanha essa prática mostra-o na forma de uma mancha negra saindo do corpo e entrando na Terra, onde a energia negativa poder ser processada e reciclada.

Vam — Som seminal do segundo chakra, situado no centro genital.

Vasanas — Tendências emocionais e mentais armazenadas na mente subconsciente.

Vasistha — Um dos sete Brahma-rishis que diz-se estarem com a humanidade durante a passagem de um grande ciclo para outro, ajudando e guiando o desenvolvimento espiritual da espécie.

Vasudeva — O "Habitante" interior de cada um. Outro nome para a chama que arde no Hrit Padma. Também o nome do pai de Krishna no *Mahabharata*.

Vedas — Quatro das principais escrituras dos Upanishades que nunca foram sumarizadas e permanecem intactas. São elas o Rig Veda, o Sama Veda, o Yajur Veda e o Artharva Veda.

Vidente — Sábio que descobriu um mantra ou conceito espiritual até então desconhecido.

Vishada — Tristeza imobilizante.

Vishnu — O Deus védico da Preservação. Diz-se que todos os verdadeiros líderes espirituais de todas as religiões são portadores da energia de Vishnu.

Vishuddha, chakra — O quinto chakra, localizado na região da garganta.

Vishwamitra — O Brahma-rishi que alcançou esse *status* por meio de árdua disciplina espiritual e de um toque final de graça divina do Brahma-rishi Vasistha. Quando isso aconteceu, Vishwamitra descobriu na prática o mantra Gayatri, tornando-se o seu vidente.

Yajna — Sacrifício, comumente no contexto de uma cerimônia ritualística de culto ao fogo, pelo qual o karma negativo pode ser queimado.

Yam — Som seminal do quarto chakra, situado no centro do coração do corpo etérico.

Bibliografia

Andrews, Ted. *Music Therapy for Non-Musicians*. Batavia, Ohio: Dragonhawk Publishing, 1997.

Arnold, *Sir* Edwin, tradutor. *The Song Celestial or Bhagavad-gita*. 1885; Los Angeles: Self-Realization Fellowship, 1977.

Ashley-Farrand, Thomas. *The Ancient Science of Sanskrit Mantra and Ceremony*; vol. I, *Mantra*, e vol. 2, *Great Spiritual Disciplines and Ceremonies*. Publicados pelo próprio autor, em 1996, e acessíveis no site: www.sanskritmantra.com.

________. *True Stories of Spiritual Power*. Publicado pelo próprio autor, em 1995, e acessível através do site: www.sanskritmantra.com.

Avalon, Arthur [pseudônimo de *sir* John Woodroffe], tradutor. *Tantra of the Great Liberation*. 1913; Nova York: Dover Publications, 1972.

Basso, Keith H. *The Cibecue Apache*. Case Studies in Cultural Anthropology. Nova York: Holt, Rinehart & Winston, 1910; 1970.

Berendt, Joachim-Ernst. *Nada Brahma: The World Is Sound: Music and the Landscape of Consciousness*. Rochester, Vt.: Destiny Books, 1987. [*Nada Brahma — A Música e o Universo da Consciência*, publicado pela Editora Cultrix, São Paulo, 1993.]

Bernbaum, Edwin. *The Way to Shambhala*. Los Angeles: Jeremy P. Tarcher, 1980.

Beyer, Stephen. *The Cult of Tara: Magic and Ritual in Tibet*. Berkeley: University of California Press, 1973.

Blavatsky, H. P. *The Secret Doctrine*. 1888; Pasadena, Calif.: Theosophical University Press, 1970. [*A Doutrina Secreta*, publicado pela Editora Pensamento, São Paulo, 1980.]

Blofeld, John. *Mantras: Sacred Words of Power*. Nova York: E. P. Dutton, 1977. [*Mantras. Palavras Sagradas do Poder*, publicado pela Editora Cultrix, São Paulo, 1985.]

Chawdhri, L. R. *Practicals of Mantra & Tantra*. Nova Delhi, Índia: Sagar Publications, 1990.

Dalai Lama XIV [Tenzin Gyatso]. *The Kalachakra Tantra: Rite of Initiation for the Stage of Generation*. Boston: Wisdom Publications, 1985.

Danielou, Alain. *The Gods of India: Hindu Polytheism*. Nova York: Inner Traditions International, 1985.

Elkin, A. P. *The Australian Aborigines*. 5ª edição, Garden City, N.Y.: Anchor Books, 1974.

Epstein, Pearle. *Kabbalah: The Way of the Jewish Mystic*. Garden City, N.Y.: Doubleday, 1978. [*Cabala. O Caminho da Mística Judaica*, publicado pela Editora Pensamento, São Paulo, 1991.]

Guthrie, Kenneth Sylvan, compilação e tradução. *The Pythagorean Sourcebook and Library: An Anthology of Ancient Writings Which Relate to Pythagoras and Pythagorean Philosophy*. Grand Rapids, Mich.: Phanes Press, 1987.

Harshananda, Swami. *Hindu Gods and Goddesses*. Mysore, Índia: Sri Ramakrishna Ashrama, 1982.

Le Mée, Katherine. *Chant*. Nova York: Bell Tower, 1994.

Li Jicheng e Ku Shoukang (texto) e Kang Song (fotos). *The Realm of Tibetan Buddhism*. Editado por Xisao Shiling e An Chunyang. Tradução de Wang Weijiong. San Francisco: China Books & Periodicals, 1985.

Malinowski, Bronislaw. *Argonauts of the Western Pacific: An Account of Native Enterprise and Adventure in the Archipelagoes of Melanesian New Guinea*. Nova York: E. P. Dutton, 1922; 1961.

Mayo, Jeff. *The Planets and Human Behavior*. Reno, Nev.: CRCS Publications, 1972.

Reunião de acadêmicos. *Mantramasoddadhi*. Delhi, Índia: Sri Satguru Publications, 1984.

Sivananda, Swami, tradução e comentários. *The Bhagavad Gita*. Durban, África do Sul: Sivananda Press, 1972.

________. *Japa Yoga: A Comprehensive Treatise on Mantra-shastra*. Sivanandanagar: Divine Life Society, 1972.

Tompkins, Peter e Christopher Bird. *The Secret Life of Plants*. Nova York: Harper & Row, 1973.

Turnbull, Colin. *Wayward Servants: The Two Worlds of the African Pygmies*. Nova York: Simon & Schuster, 1962.

Yogananda, Paramahansa. *Autobiography of a Yogi*, 1946; Los Angeles: Sel-Realization Fellowship, 1995.

Zajonc, R. B. "Feeling and Thinking." *American Psychologist*, Fevereiro 1980.

Endereços na Internet

www.hubcom.com/tantric/frtan.htm
www.mozarteffect.com